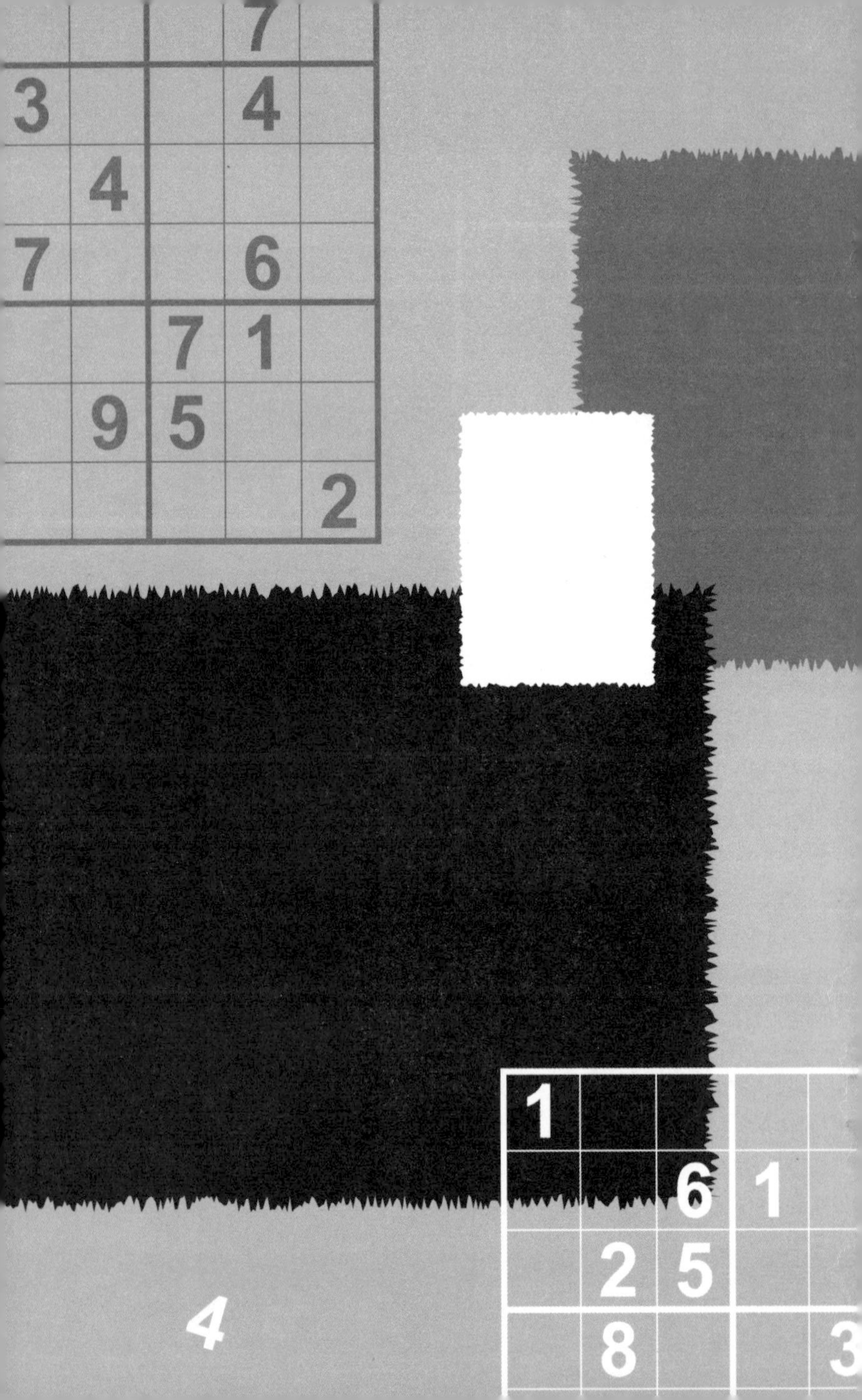

激辛數獨 2

Media Soft——編
Maki Li——譯

高階解題技巧大公開

解題技巧 1 隱藏的雷射線法

當你遇到圖中的情況時，能否看出右下角★號處為 2 呢？

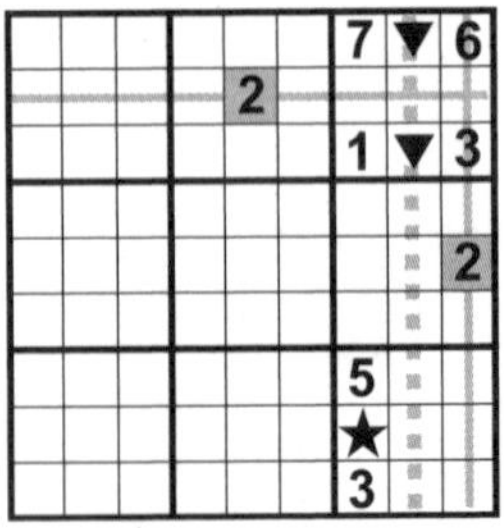

以題目中已知的兩個 2 來看，可以知道右上九宮格中僅剩下兩個空格（標示▼記號處）可以放入 2。

再延著▼記號處往下畫一條連續的虛線，而右下角九宮格裡的虛線上不能再重複放 2，由此可知，★號處即為 2。

這種利用間接的線條來找出交集的解題方法，稱為隱藏的雷射線法。

解題技巧 2 數對刪減法（Naked Pair）

當你遇到圖中的狀況時，能否看出右下角★號處為 1 呢？

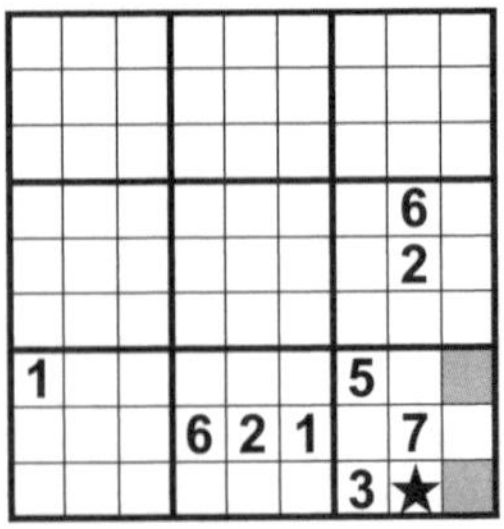

在右下角的九宮格中，試想一下若要放入 2 或 6，只剩灰底兩處可以選擇。同理可知，上下兩個灰色區域一個是 2，另一個便是 6。

從規則而言，右下角九宮格要放入 1 有★和下方灰底處兩個選擇，扣除掉灰底處應放入 2 或 6，可以得知只剩★號處可放入數字 1。

解題技巧 3 三鏈數刪減法（Naked Triples）

當你遇到圖中的狀況時，能否看出左下角★號處為 3 呢？

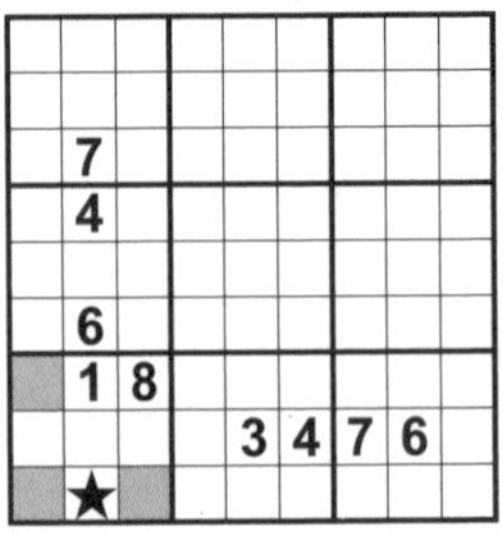

左下角的九宮格中，從橫列和直列都有出現的數字可以得知，4、6、7 只剩灰底三處可以選擇，此時預先假設灰底處已隨機填進 4、6、7，再試著找出 3 的位置，可以發現 3 必須填入★號處才是正確的。

解題技巧 4　矩形頂點刪減法（X-Wing）

當你的解題進度進行到圖中的狀態時，能否看出左上角★號處為 5 呢？

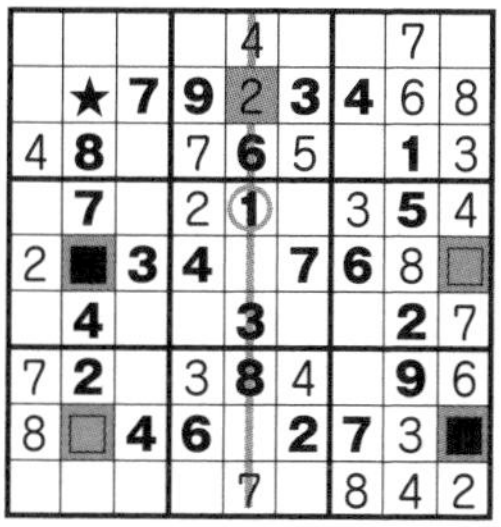

從圖中已知★號處為 1 或 5，再從標有 1 的直行看上面數來第 5 列，推論出 1 只剩此列的灰底兩處可以選擇，同理可知下面數來第 2 列中，數字 1 也只剩該列的灰底兩處可放入。

不管灰底何處放入 1 都可以確認另一行不能再重複放入。也就是說，若■記號處放入 1，另一列中的□也必須為 1，反之亦然。此時我們再回到★號處，可以推測出★號所在的直行已經有一處確定放入 1 了，所以★號處自然只剩下 5 這個選擇。

這種「找出某個數字在某兩行僅出現在相同兩列，再進行刪減」的方法即為「矩形頂點刪減法」。

解題技巧 5　XY 形態匹配刪減法（XY-Wing）

當你的解題進度進行到圖中的狀態時，能否看出右側★號處為 7 呢？

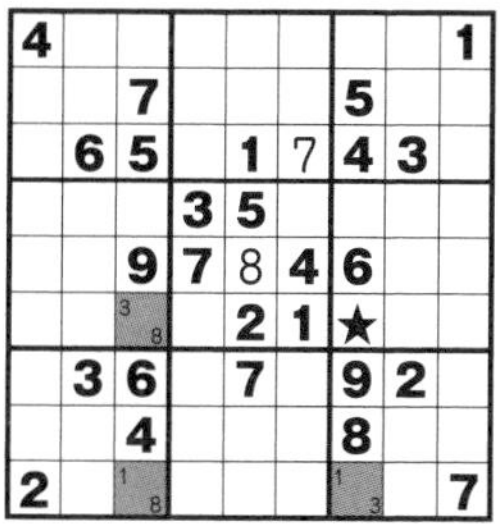

從★號所在的直行中可以判斷，★號處可能放入 3 或 7。接著以★號處為軸心，找出只有兩個候選數字但彼此候選數字又有重疊的格子（如圖中灰底處），此三格灰底處的候選數字分別是 3 或 8、1 或 8、1 或 3。

接著將注意力移回★號處，試著填入候選數字 3 來判斷可行性，順應此情況，左上灰底處只能選擇填 8，左下灰底處應為 1，右下灰底處只剩下數字 3 可以填入，此時你會發現右下灰底的 3 和★號處預填的數字 3 產生衝突，因此可以推測出★號處應為 7。

※ 本書以挑戰讀者解題能力為目的，並沒有刊載每一道題目的重點提示。建議讀者在閱讀本章「高階解謎技巧大公開」前，先試著挑戰書中的題目。

QUESTION

001 進階篇

＊解答請見第8頁。

目標時間：30分00秒
實際時間：　分　秒

	1	7		3		2		
	2	8	5			9	6	
		2		1				
	9		3		6		4	
				8		7		
	3	5			1	8	2	
		4		9		6	5	

檢查表

1	2	3
4	5	6
7	8	9

關於「目標時間」

　　測量解決問題所需的時間，再填入「實際時間」欄位。

　　當實際時間在目標時間內，代表你順利完成了這個難度級別的問題。

QUESTION

002 進階篇

*解答請見第9頁。

目標時間：30分00秒	
實際時間：　分　秒	

8				4		9		6
							4	
			9		3			2
		2		7		1		
9			3		4			8
		1		9		3		
4			2		5			
	6							
2		3		8				7

檢查表

1	2	3
4	5	6
7	8	9

如果你遇到卡關的情形

可根據難易度，參考本書第4-5頁的「高階解題技巧大公開」，再繼續進行挑戰。

QUESTION

003 進階篇

*解答請見第10頁。

目標時間：30分00秒	
實際時間： 分 秒	

	2							
8		3		6		2		
	1			4		5	9	
			2		1			
	6	2				3	1	
			3		6			
	4	9		3			8	
		1		8		6		2
							7	

檢查表

1	2	3
4	5	6
7	8	9

Q001解答

解題方法可參考本書第4-5頁的「高階解題技巧大公開」。

6	5	9	1	2	8	4	7	3
4	1	7	6	3	9	2	8	5
3	2	8	5	4	7	9	6	1
7	6	2	4	1	5	3	9	8
8	9	1	3	7	6	5	4	2
5	4	3	9	8	2	7	1	6
9	3	5	7	6	1	8	2	4
1	8	4	2	9	3	6	5	7
2	7	6	8	5	4	1	3	9

QUESTION
004 進階篇

＊解答請見第11頁。

目標時間：30分00秒	
實際時間： 分 秒	

		7						8
			1		5			
3		2	8		4			
	6	4			3	1	5	
	2	5	9			8	3	
			7		2	6		5
			3		1			
1						2		

檢查表

1	2	3
4	5	6
7	8	9

Q002解答

8	2	5	1	4	7	9	3	6
7	3	9	8	2	6	5	4	1
6	1	4	9	5	3	7	8	2
3	4	2	5	7	8	1	6	9
9	7	6	3	1	4	2	5	8
5	8	1	6	9	2	3	7	4
4	9	7	2	6	5	8	1	3
1	6	8	7	3	9	4	2	5
2	5	3	4	8	1	6	9	7

解題方法可參考本書第4-5頁的「高階解題技巧大公開」。

QUESTION

005 進階篇

＊解答請見第12頁。

目標時間：30分00秒
實際時間：　　分　　秒

			3		1			
		5			6	1	2	
	3						4	
4			9		3		6	2
2	6		1		8			9
	2						3	
	7	1	4			8		
			8		5			

檢查表

1	2	3
4	5	6
7	8	9

Q003解答

解題方法可參考本書第4-5頁的「高階解題技巧大公開」。

9	2	4	5	1	3	8	6	7
8	5	3	7	6	9	2	4	1
6	1	7	8	4	2	5	9	3
4	3	8	2	9	1	7	5	6
7	6	2	4	5	8	3	1	9
1	9	5	3	7	6	4	2	8
2	4	9	6	3	7	1	8	5
5	7	1	9	8	4	6	3	2
3	8	6	1	2	5	9	7	4

QUESTION

006 進階篇

＊解答請見第13頁。

目標時間：30分00秒
實際時間：　　分　秒

1								3
		6	1		8	2		
	2	5					7	
	8			3			4	
			8		4			
	3			7			6	
	9					7	1	
		1	2		9	5		
4								2

檢查表

1	2	3
4	5	6
7	8	9

Q004解答

解題方法可參考本書第4-5頁的「高階解題技巧大公開」。

5	1	7	6	2	9	3	4	8
6	4	8	1	3	5	7	9	2
3	9	2	8	7	4	5	6	1
9	6	4	2	8	3	1	5	7
8	3	1	5	4	7	9	2	6
7	2	5	9	1	6	8	3	4
4	8	3	7	9	2	6	1	5
2	7	6	3	5	1	4	8	9
1	5	9	4	6	8	2	7	3

QUESTION

007 進階篇

＊解答請見第14頁。

目標時間：30分00秒	
實際時間：　分　秒	

5						4		3
	1							
			2	6	3			1
		9		3		5		
		4	8		6	2		
		1		9		6		
3			7	8	4			
							2	
9		5						8

檢查表

1	2	3
4	5	6
7	8	9

Q005解答

6	4	7	3	2	1	9	8	5
9	8	5	7	4	6	1	2	3
1	3	2	5	8	9	6	4	7
4	1	8	9	5	3	7	6	2
7	5	9	2	6	4	3	1	8
2	6	3	1	7	8	4	5	9
8	2	4	6	9	7	5	3	1
5	7	1	4	3	2	8	9	6
3	9	6	8	1	5	2	7	4

解題方法可參考本書第4-5頁的「高階解題技巧大公開」。

QUESTION

008 進階篇

*解答請見第15頁。

目標時間：	30分00秒
實際時間：	分　秒

		9	2		6	1	3	
	6	4				2	9	
	1		8		2		7	
				1				
	8		4		9		6	
	9	3				5	4	
	7	2	3		8	9		

檢查表

1	2	3
4	5	6
7	8	9

Q006解答

解題方法可參考本書第4-5頁的「高階解題技巧大公開」。

1	4	9	7	2	5	6	8	3
3	7	6	1	4	8	2	5	9
8	2	5	3	9	6	4	7	1
6	8	2	5	3	1	9	4	7
9	1	7	8	6	4	3	2	5
5	3	4	9	7	2	1	6	8
2	9	8	4	5	3	7	1	6
7	6	1	2	8	9	5	3	4
4	5	3	6	1	7	8	9	2

QUESTION

009 進階篇

*解答請見第16頁。

目標時間：30分00秒
實際時間：　分　秒

					6			
	4	3			7	1	6	
	1					2	3	
			2		9		5	4
7	5		4		1			
	6	5					9	
	2	1	8			3	4	
			1					

檢查表

1	2	3
4	5	6
7	8	9

Q007解答

解題方法可參考本書第4-5頁的「高階解題技巧大公開」。

5	9	2	1	7	8	4	6	3
6	1	3	9	4	5	8	7	2
4	8	7	2	6	3	9	5	1
8	6	9	4	3	2	5	1	7
7	5	4	8	1	6	2	3	9
2	3	1	5	9	7	6	8	4
3	2	6	7	8	4	1	9	5
1	4	8	3	5	9	7	2	6
9	7	5	6	2	1	3	4	8

QUESTION

010 進階篇

目標時間：30分00秒
實際時間：　　分　秒

＊解答請見第17頁。

		7			2	3		
				9				
5			4		3	9		1
		4				6		5
	6			2			4	
3		8				1		
4		6	5		1			3
				8				
		1	9			5		

檢查表

1	2	3
4	5	6
7	8	9

Q008解答

解題方法可參考本書第4-5頁的「高階解題技巧大公開」。

3	2	8	1	9	4	6	5	7
7	5	9	2	8	6	1	3	4
1	6	4	5	7	3	2	9	8
9	1	6	8	3	2	4	7	5
4	3	5	6	1	7	8	2	9
2	8	7	4	5	9	3	6	1
8	9	3	7	6	1	5	4	2
5	7	2	3	4	8	9	1	6
6	4	1	9	2	5	7	8	3

QUESTION

011 進階篇

＊解答請見第18頁。

目標時間：30分00秒
實際時間：　分　秒

				5	6		8	2
	2		9		4		5	1
	1						2	3
9				2				4
8	4						1	
6	8		1		7		9	
4	9		2	3				

檢查表

1	2	3
4	5	6
7	8	9

Q009解答

解題方法可參考本書第4-5頁的「高階解題技巧大公開」。

2	8	9	3	1	6	4	7	5
5	4	3	9	2	7	1	6	8
6	1	7	5	8	4	2	3	9
1	3	8	2	7	9	6	5	4
4	9	2	6	5	8	7	1	3
7	5	6	4	3	1	9	8	2
3	6	5	7	4	2	8	9	1
9	2	1	8	6	5	3	4	7
8	7	4	1	9	3	5	2	6

QUESTION

012 進階篇

＊解答請見第19頁。

目標時間：30分00秒
實際時間：　　分　秒

								7
			4	1		2		
			2	8	7		4	
	2	1				3		
	3	5		6		1	8	
		6				7	9	
	5		3	4	2			
		3		9	1			
2								

檢查表

1	2	3
4	5	6
7	8	9

Q010解答

解題方法可參考本書第4-5頁的「高階解題技巧大公開」。

9	4	7	1	5	2	3	8	6
6	1	3	7	9	8	2	5	4
5	8	2	4	6	3	9	7	1
2	7	4	8	1	9	6	3	5
1	6	9	3	2	5	7	4	8
3	5	8	6	4	7	1	9	2
4	9	6	5	7	1	8	2	3
7	3	5	2	8	6	4	1	9
8	2	1	9	3	4	5	6	7

QUESTION

013 進階篇

＊解答請見第20頁。

目標時間：30分00秒
實際時間：　分　秒

	4					9	5	
2								3
		6	5		2			7
		9	1		4	7		
				3				
		2	6		7	4		
9			4		3	8		
5								1
	1	3					9	

檢查表

1	2	3
4	5	6
7	8	9

Q011解答

解題方法可參考本書第4-5頁的「高階解題技巧大公開」。

1	7	9	3	5	6	4	8	2
3	2	8	9	7	4	6	5	1
5	6	4	8	1	2	7	3	9
7	1	5	4	6	8	9	2	3
9	3	6	5	2	1	8	7	4
8	4	2	7	9	3	5	1	6
2	5	1	6	8	9	3	4	7
6	8	3	1	4	7	2	9	5
4	9	7	2	3	5	1	6	8

QUESTION

014 進階篇

＊解答請見第21頁。

目標時間：	30分00秒
實際時間：	分　秒

		3	5	1	2	4		
	9					1	2	
	2		9		6		5	
	1			4			3	
	8		3		1		4	
	3	9					8	
		5	4	2	3	6		

檢查表

1	2	3
4	5	6
7	8	9

Q012解答

解題方法可參考本書第4-5頁的「高階解題技巧大公開」。

4	6	2	9	3	5	8	1	7
3	8	7	4	1	6	2	5	9
5	1	9	2	8	7	6	4	3
7	2	1	8	5	9	3	6	4
9	3	5	7	6	4	1	8	2
8	4	6	1	2	3	7	9	5
1	5	8	3	4	2	9	7	6
6	7	3	5	9	1	4	2	8
2	9	4	6	7	8	5	3	1

QUESTION

015 進階篇

＊解答請見第22頁。

目標時間：30分00秒
實際時間：　分　秒

		4	7		5	3		
7		5		4	8			6
9						5		1
		8		2		6		
6		1						2
2			3	9		8		4
		3	1		4	9		

檢查表

1	2	3
4	5	6
7	8	9

Q013解答

解題方法可參考本書第4-5頁的「高階解題技巧大公開」。

7	4	1	3	6	8	9	5	2
2	9	5	7	4	1	6	8	3
8	3	6	5	9	2	1	4	7
3	6	9	1	5	4	7	2	8
4	7	8	2	3	9	5	1	6
1	5	2	6	8	7	4	3	9
9	2	7	4	1	3	8	6	5
5	8	4	9	2	6	3	7	1
6	1	3	8	7	5	2	9	4

QUESTION

016 進階篇

*解答請見第23頁。

目標時間：30分00秒
實際時間：　　分　秒

		7	1	9			3	6
	1						4	2
2								
6				1				
9			2	8	3			4
				7				3
								1
3	9						2	
1	4			3	5	7		

檢查表

1	2	3
4	5	6
7	8	9

Q014解答

2	5	1	8	9	4	3	6	7
7	6	3	5	1	2	4	9	8
4	9	8	6	3	7	1	2	5
3	2	4	9	7	6	8	5	1
5	1	7	2	4	8	9	3	6
9	8	6	3	5	1	7	4	2
1	3	9	7	6	5	2	8	4
8	7	5	4	2	3	6	1	9
6	4	2	1	8	9	5	7	3

解題方法可參考本書第4-5頁的「高階解題技巧大公開」。

QUESTION
017 進階篇

＊解答請見第24頁。

目標時間：30分00秒
實際時間：　分　秒

		8	6		2	3		
	5	7	9			2	4	
	8	4			3		2	
				1				
	9		8			7	3	
	2	3			1	4	9	
		1	2		5	6		

檢查表

1	2	3
4	5	6
7	8	9

Q015解答

解題方法可參考本書第4-5頁的「高階解題技巧大公開」。

1	2	4	7	6	5	3	9	8
8	9	6	2	1	3	7	4	5
7	3	5	9	4	8	2	1	6
9	4	2	6	3	7	5	8	1
3	5	8	4	2	1	6	7	9
6	7	1	8	5	9	4	3	2
2	1	7	3	9	6	8	5	4
4	8	9	5	7	2	1	6	3
5	6	3	1	8	4	9	2	7

QUESTION

018 進階篇

*解答請見第25頁。

目標時間：30分00秒
實際時間：　分　秒

	9	7				1	8	
	6		7		3		4	
		6		8	9	3		
			4	5	6			
		1	3	7		9		
	5		2		4		3	
	4	3				8	2	

檢查表

1	2	3
4	5	6
7	8	9

Q016解答

解題方法可參考本書第4-5頁的「高階解題技巧大公開」。

4	5	7	1	9	2	8	3	6
8	1	6	3	5	7	9	4	2
2	3	9	8	4	6	5	1	7
6	8	3	5	1	4	2	7	9
9	7	1	2	8	3	6	5	4
5	2	4	6	7	9	1	8	3
7	6	5	4	2	8	3	9	1
3	9	8	7	6	1	4	2	5
1	4	2	9	3	5	7	6	8

QUESTION

019 進階篇

＊解答請見第26頁。

目標時間：30分00秒
實際時間：　分　秒

								3
	2	9				8	4	
	8		3		2		5	
		4	5		9	2		
				3				
		7	6		1	4		
	9		8		5		7	
	6	2				1	9	
1								

檢查表

1	2	3
4	5	6
7	8	9

Q017解答

解題方法可參考本書第4-5頁的「高階解題技巧大公開」。

2	3	9	1	5	4	8	6	7
4	1	8	6	7	2	3	5	9
6	5	7	9	3	8	2	4	1
7	8	4	5	9	3	1	2	6
3	6	2	4	1	7	9	8	5
1	9	5	8	2	6	7	3	4
5	2	3	7	6	1	4	9	8
9	4	1	2	8	5	6	7	3
8	7	6	3	4	9	5	1	2

QUESTION

020 進階篇

*解答請見第27頁。

目標時間：30分00秒
實際時間：　　分　　秒

								3
		6				1		
	1		4	8	2		5	
		9	2		5	3		
		1		7		2		
		4	6		3	5		
	8		9	3	1		2	
		5				4		
9								

檢查表

1	2	3
4	5	6
7	8	9

Q018解答

1	3	4	9	2	8	5	7	6
2	9	7	6	4	5	1	8	3
8	6	5	7	1	3	2	4	9
4	7	6	1	8	9	3	5	2
3	2	9	4	5	6	7	1	8
5	8	1	3	7	2	9	6	4
7	5	8	2	9	4	6	3	1
9	4	3	5	6	1	8	2	7
6	1	2	8	3	7	4	9	5

解題方法可參考本書第4-5頁的「高階解題技巧大公開」。

QUESTION

021 進階篇

＊解答請見第28頁。

目標時間：30分00秒
實際時間：　分　秒

						7		5
	4				7		1	
		9	1		2	8		4
		7				2	4	
				3				
	1	5				9		
1		8	4		5	3		
	5		2				7	
2		3						

檢查表

1	2	3
4	5	6
7	8	9

Q019解答

解題方法可參考本書第4-5頁的「高階解題技巧大公開」。

5	4	1	9	6	8	7	2	3
3	2	9	1	5	7	8	4	6
7	8	6	3	4	2	9	5	1
6	3	4	5	8	9	2	1	7
2	1	8	7	3	4	5	6	9
9	5	7	6	2	1	4	3	8
4	9	3	8	1	5	6	7	2
8	6	2	4	7	3	1	9	5
1	7	5	2	9	6	3	8	4

QUESTION

022 進階篇

＊解答請見第29頁。

目標時間：30分00秒
實際時間：　分　秒

4								
			7	1	2	9	8	
		1					6	
	1		2		8		3	
	5			3			2	
	9		6		5		1	
	3					7		
	8	2	4	5	1			
								2

檢查表

1	2	3
4	5	6
7	8	9

Q020解答

2	9	8	1	5	6	7	4	3
5	4	6	3	9	7	1	8	2
7	1	3	4	8	2	9	5	6
6	7	9	2	4	5	3	1	8
3	5	1	8	7	9	2	6	4
8	2	4	6	1	3	5	9	7
4	8	7	9	3	1	6	2	5
1	6	5	7	2	8	4	3	9
9	3	2	5	6	4	8	7	1

解題方法可參考本書第4-5頁的「高階解題技巧大公開」。

QUESTION
023 進階篇

＊解答請見第30頁。

目標時間：30分00秒
實際時間：　　分　　秒

6								4
		2	1		8	9		
	1						5	
	8			5	9		4	
			8	7	3			
	5		4	6			3	
	3						1	
		1	3		4	7		
9								6

檢查表

1	2	3
4	5	6
7	8	9

Q021解答

解題方法可參考本書第4-5頁的「高階解題技巧大公開」。

8	3	1	9	4	6	7	2	5
5	4	2	3	8	7	6	1	9
7	6	9	1	5	2	8	3	4
6	8	7	5	1	9	2	4	3
9	2	4	7	3	8	5	6	1
3	1	5	6	2	4	9	8	7
1	7	8	4	6	5	3	9	2
4	5	6	2	9	3	1	7	8
2	9	3	8	7	1	4	5	6

QUESTION

024 進階篇

＊解答請見第31頁。

目標時間：30分00秒
實際時間：　　分　　秒

4		3						8
						1		
6		1	4		8		5	
		7		1		2		
			6	9	7			
		5		8		3		
	9		1		2	4		3
		4						
5						7		6

檢查表

1	2	3
4	5	6
7	8	9

Q022解答

解題方法可參考本書第4-5頁的「高階解題技巧大公開」。

4	2	8	9	6	3	1	7	5
3	6	5	7	1	2	9	8	4
9	7	1	5	8	4	2	6	3
6	1	7	2	4	8	5	3	9
8	5	4	1	3	9	6	2	7
2	9	3	6	7	5	4	1	8
5	3	9	8	2	6	7	4	1
7	8	2	4	5	1	3	9	6
1	4	6	3	9	7	8	5	2

QUESTION

025 進階篇

*解答請見第32頁。

目標時間：30分00秒

實際時間：　分　秒

			3	8	1		9	
		9	2	5		3		
	2	5					3	
	3	6		7		1	8	
	1					2	4	
		2		1	6	5		
	6		4	2	3			

檢查表

1	2	3
4	5	6
7	8	9

Q023解答

解題方法可參考本書第4-5頁的「高階解題技巧大公開」。

6	9	8	5	3	2	1	7	4
5	7	2	1	4	8	9	6	3
4	1	3	6	9	7	2	5	8
3	8	7	2	5	9	6	4	1
1	4	6	8	7	3	5	2	9
2	5	9	4	6	1	8	3	7
7	3	5	9	8	6	4	1	2
8	6	1	3	2	4	7	9	5
9	2	4	7	1	5	3	8	6

QUESTION

026 進階篇

*解答請見第33頁。

目標時間：30分00秒
實際時間：　　分　　秒

		5	4	2	7	3		
6						1		7
2			9		5			1
3				7				9
4			1		6			8
1		8						2
		4	3	1	2	7		

檢查表

1	2	3
4	5	6
7	8	9

Q024解答

解題方法可參考本書第4-5頁的「高階解題技巧大公開」。

4	5	3	9	2	1	6	7	8
2	8	9	7	6	5	1	3	4
6	7	1	4	3	8	9	5	2
8	4	7	5	1	3	2	6	9
1	3	2	6	9	7	8	4	5
9	6	5	2	8	4	3	1	7
7	9	6	1	5	2	4	8	3
3	2	4	8	7	6	5	9	1
5	1	8	3	4	9	7	2	6

QUESTION
027 進階篇

＊解答請見第34頁。

目標時間：30分00秒
實際時間：　分　秒

				5			8	
				6		3	7	5
			1		3		6	
		6				2		
2	5			1			9	3
		7				4		
	2		5		4			
8	1	3		2				
	4			8				

檢查表

1	2	3
4	5	6
7	8	9

Q025解答

解題方法可參考本書第4-5頁的「高階解題技巧大公開」。

2	8	3	7	6	9	4	5	1
6	5	4	3	8	1	7	9	2
1	7	9	2	5	4	3	6	8
7	2	5	1	4	8	9	3	6
4	3	6	9	7	2	1	8	5
9	1	8	6	3	5	2	4	7
3	9	2	8	1	6	5	7	4
5	6	7	4	2	3	8	1	9
8	4	1	5	9	7	6	2	3

QUESTION

028 進階篇

＊解答請見第35頁。

目標時間：30分00秒

實際時間：　分　秒

	9	3				7		
	1		2	8	3	9	6	
		2	6			1		
		9		4		6		
		1			5	3		
	4	7	1	3	6		2	
		5				8	1	

檢查表

1	2	3
4	5	6
7	8	9

Q026解答

解題方法可參考本書第4-5頁的「高階解題技巧大公開」。

8	1	5	4	2	7	3	9	6
7	9	3	5	6	1	8	2	4
6	4	2	8	9	3	1	5	7
2	7	6	9	8	5	4	3	1
3	8	1	2	7	4	5	6	9
4	5	9	1	3	6	2	7	8
1	3	8	7	5	9	6	4	2
5	2	7	6	4	8	9	1	3
9	6	4	3	1	2	7	8	5

QUESTION

029 進階篇

＊解答請見第36頁。

目標時間：30分00秒
實際時間：　分　秒

			3		1		4	
		5	8	6	9	1		
	9	1				4	5	
		4		2		9		
	3	2				6	8	
		6	4	5	3	2		
	1		7		6			

檢查表

1	2	3
4	5	6
7	8	9

Q027解答

解題方法可參考本書第4-5頁的「高階解題技巧大公開」。

3	6	2	7	5	9	1	8	4
4	9	1	8	6	2	3	7	5
5	7	8	1	4	3	9	6	2
1	3	6	4	9	7	2	5	8
2	5	4	6	1	8	7	9	3
9	8	7	2	3	5	4	1	6
6	2	9	5	7	4	8	3	1
8	1	3	9	2	6	5	4	7
7	4	5	3	8	1	6	2	9

QUESTION

030 進階篇

＊解答請見第37頁。

目標時間：	30分00秒
實際時間：	分　秒

4								
	5		1	2	9			
		8		4		6		
	8		5				3	
	7	4		9		8	2	
	3				7		1	
		1		5		4		
			6	3	1		9	
								2

檢查表

1	2	3
4	5	6
7	8	9

Q028解答

6	5	8	9	1	7	2	4	3
2	9	3	5	6	4	7	8	1
7	1	4	2	8	3	9	6	5
3	7	2	6	9	8	1	5	4
5	8	9	3	4	1	6	7	2
4	6	1	7	2	5	3	9	8
8	4	7	1	3	6	5	2	9
9	3	5	4	7	2	8	1	6
1	2	6	8	5	9	4	3	7

解題方法可參考本書第4-5頁的「高階解題技巧大公開」。

QUESTION
031 進階篇

*解答請見第38頁。

目標時間：	30分00秒
實際時間：	分　秒

		2	9			6		
		3				5		
9	1					8	3	7
4				3				
			6	7	1			
				9				8
5	2	8					1	6
		1				3		
		9			5	2		

檢查表

1	2	3
4	5	6
7	8	9

Q029解答

1	8	7	2	4	5	3	6	9
6	2	9	3	7	1	8	4	5
3	4	5	8	6	9	1	2	7
8	9	1	6	3	7	4	5	2
5	6	4	1	2	8	9	7	3
7	3	2	5	9	4	6	8	1
9	7	6	4	5	3	2	1	8
2	1	3	7	8	6	5	9	4
4	5	8	9	1	2	7	3	6

解題方法可參考本書第4-5頁的「高階解題技巧大公開」。

QUESTION

032 進階篇

＊解答請見第39頁。

目標時間：30分00秒
實際時間：　　分　秒

		5		2		4	1	
	2	1	9		6		3	
		4	5			8		
	1			3			2	
		2			1	3		
	3		2		8	1	9	
	6	9		4		7		

檢查表

1	2	3
4	5	6
7	8	9

Q030解答

解題方法可參考本書第4-5頁的「高階解題技巧大公開」。

4	1	3	8	6	5	2	7	9
6	5	7	1	2	9	3	4	8
9	2	8	7	4	3	6	5	1
2	8	9	5	1	4	7	3	6
1	7	4	3	9	6	8	2	5
5	3	6	2	8	7	9	1	4
7	6	1	9	5	2	4	8	3
8	4	2	6	3	1	5	9	7
3	9	5	4	7	8	1	6	2

QUESTION
033 進階篇

＊解答請見第40頁。

目標時間：30分00秒
實際時間：　分　秒

		8		2	4	1		
5		4		1		3		7
					6			2
9		1		3		8		5
8			2					
1		9		6		5		4
		7	3	9		6		

檢查表

1	2	3
4	5	6
7	8	9

Q031解答

解題方法可參考本書第4-5頁的「高階解題技巧大公開」。

7	5	2	9	8	3	6	4	1
8	6	3	7	1	4	5	2	9
9	1	4	2	5	6	8	3	7
4	9	7	5	3	8	1	6	2
2	8	5	6	7	1	4	9	3
1	3	6	4	9	2	7	5	8
5	2	8	3	4	7	9	1	6
6	4	1	8	2	9	3	7	5
3	7	9	1	6	5	2	8	4

QUESTION

034 進階篇

＊解答請見第41頁。

目標時間：30分00秒

實際時間：　分　秒

1								
		3	5			9	4	
	2		3		8		1	
	9	4			5	1		
				2				
		2	8			5	6	
	1		2		7		3	
	8	5			3	2		
								6

檢查表

1	2	3
4	5	6
7	8	9

Q032解答

解題方法可參考本書第4-5頁的「高階解題技巧大公開」。

6	8	3	1	5	4	2	7	9
7	9	5	8	2	3	4	1	6
4	2	1	9	7	6	5	3	8
3	7	4	5	9	2	8	6	1
8	1	6	4	3	7	9	2	5
9	5	2	6	8	1	3	4	7
5	3	7	2	6	8	1	9	4
1	6	9	3	4	5	7	8	2
2	4	8	7	1	9	6	5	3

QUESTION

035 進階篇

＊解答請見第42頁。

目標時間：30分00秒
實際時間：　分　秒

	1	9				4	8	
	7		8	3	9		2	
		5			7	3		
		3		2		6		
		2	1			5		
	5		9	1	6		4	
	6	4				8	5	

檢查表

1	2	3
4	5	6
7	8	9

Q033解答

7	3	8	9	2	4	1	5	6
6	1	2	5	7	3	9	4	8
5	9	4	6	1	8	3	2	7
4	5	3	1	8	6	7	9	2
9	2	1	4	3	7	8	6	5
8	7	6	2	5	9	4	1	3
1	8	9	7	6	2	5	3	4
3	6	5	8	4	1	2	7	9
2	4	7	3	9	5	6	8	1

解題方法可參考本書第4-5頁的「高階解題技巧大公開」。

QUESTION

036 進階篇

＊解答請見第43頁。

目標時間：30分00秒
實際時間：　　分　秒

6	1						5	4
5			7		1			2
	2			7	9		1	
			6	4	8			
	7		1	5			9	
7			2		4			1
4	3						6	8

檢查表

1	2	3
4	5	6
7	8	9

Q034解答

1	4	8	9	7	6	3	2	5
7	6	3	5	1	2	9	4	8
5	2	9	3	4	8	6	1	7
6	9	4	7	3	5	1	8	2
8	5	1	6	2	4	7	9	3
3	7	2	8	9	1	5	6	4
4	1	6	2	5	7	8	3	9
9	8	5	4	6	3	2	7	1
2	3	7	1	8	9	4	5	6

解題方法可參考本書第4-5頁的「高階解題技巧大公開」。

QUESTION

037 進階篇

*解答請見第44頁。

目標時間：30分00秒
實際時間：　　分　秒

	1		8		9			
4	3	5				2		
	2						1	
2			9		8			4
				6				
6			7		4			3
	7						5	
		1				3	8	2
			3		5		4	

檢查表

1	2	3
4	5	6
7	8	9

Q035解答

5	2	8	7	4	1	9	3	6
3	1	9	2	6	5	4	8	7
4	7	6	8	3	9	1	2	5
1	4	5	6	8	7	3	9	2
7	9	3	5	2	4	6	1	8
6	8	2	1	9	3	5	7	4
8	5	7	9	1	6	2	4	3
9	6	4	3	7	2	8	5	1
2	3	1	4	5	8	7	6	9

解題方法可參考本書第4-5頁的「高階解題技巧大公開」。

QUESTION

038 進階篇

＊解答請見第45頁。

目標時間：30分00秒
實際時間：　分　秒

				3				
	3	9				1		
	5	6		7		2	4	
			1		7			
4		8		9		7		1
			4		6			
	9	1		4		8	7	
		5				3	2	
				2				

檢查表

1	2	3
4	5	6
7	8	9

Q036解答

解題方法可參考本書第4-5頁的「高階解題技巧大公開」。

6	1	7	8	2	3	9	5	4
5	4	3	7	9	1	6	8	2
2	9	8	4	6	5	1	7	3
8	2	6	3	7	9	4	1	5
9	5	1	6	4	8	3	2	7
3	7	4	1	5	2	8	9	6
1	8	2	5	3	6	7	4	9
7	6	9	2	8	4	5	3	1
4	3	5	9	1	7	2	6	8

QUESTION

039 進階篇

＊解答請見第46頁。

目標時間：30分00秒
實際時間：　　分　秒

								2
		8	5	7	2	3		
	4		3				9	
	2	1					8	
	3			9			7	
	6					2	1	
	7				3		5	
		6	1	8	7	9		
3								

檢查表

1	2	3
4	5	6
7	8	9

Q037解答

解題方法可參考本書第4-5頁的「高階解題技巧大公開」。

7	1	6	8	2	9	4	3	5
4	3	5	1	7	6	2	9	8
9	2	8	4	5	3	6	1	7
2	5	7	9	3	8	1	6	4
1	4	3	5	6	2	8	7	9
6	8	9	7	1	4	5	2	3
3	7	4	2	8	1	9	5	6
5	9	1	6	4	7	3	8	2
8	6	2	3	9	5	7	4	1

QUESTION
040 進階篇

*解答請見第47頁。

目標時間：30分00秒
實際時間：　分　秒

					8			
		6	9		2	1		
	4	1				3	2	
	6				3		1	2
				6				
3	7		2				5	
	3	5				7	9	
		8	3		9	4		
			1					

檢查表

1	2	3
4	5	6
7	8	9

Q038解答

解題方法可參考本書第4-5頁的「高階解題技巧大公開」。

1	4	2	8	3	5	6	9	7
7	3	9	2	6	4	1	8	5
8	5	6	9	7	1	2	4	3
9	2	3	1	5	7	4	6	8
4	6	8	3	9	2	7	5	1
5	1	7	4	8	6	9	3	2
2	9	1	5	4	3	8	7	6
6	8	5	7	1	9	3	2	4
3	7	4	6	2	8	5	1	9

QUESTION

041 進階篇

＊解答請見第48頁。

目標時間：30分00秒
實際時間：　　分　　秒

		2		3		7		
			8			4	9	
5							2	1
	1			2				
7			1	6	3			2
				7			3	
8	7							9
	6	3			1			
		1		4		6		

檢查表

1	2	3
4	5	6
7	8	9

Q039解答

解題方法可參考本書第4-5頁的「高階解題技巧大公開」。

5	1	3	9	4	8	7	6	2
6	9	8	5	7	2	3	4	1
7	4	2	3	1	6	8	9	5
9	2	1	7	6	4	5	8	3
8	3	5	2	9	1	4	7	6
4	6	7	8	3	5	2	1	9
1	7	9	4	2	3	6	5	8
2	5	6	1	8	7	9	3	4
3	8	4	6	5	9	1	2	7

QUESTION

042 進階篇

*解答請見第49頁。

目標時間：30分00秒
實際時間：　分　秒

		3	4			1		2
9			1	7	3			4
7		2				8		
		1		2		4		
		9				3		1
1			3	8	7			9
3		5			2	6		

檢查表

1	2	3
4	5	6
7	8	9

Q040解答

9	2	3	4	1	8	5	7	6
7	5	6	9	3	2	1	4	8
8	4	1	6	5	7	3	2	9
5	6	4	7	9	3	8	1	2
1	8	2	5	6	4	9	3	7
3	7	9	2	8	1	6	5	4
4	3	5	8	2	6	7	9	1
2	1	8	3	7	9	4	6	5
6	9	7	1	4	5	2	8	3

解題方法可參考本書第4-5頁的「高階解題技巧大公開」。

QUESTION

043 進階篇

＊解答請見第50頁。

目標時間：30分00秒
實際時間：　分　秒

						9		4
			9		1			
			5		7	8		1
	3	9	8			5	6	
				7				
	2	4			9	1	3	
1		8	4		2			
			1		5			
2		3						

檢查表

1	2	3
4	5	6
7	8	9

Q041解答

解題方法可參考本書第4-5頁的「高階解題技巧大公開」。

1	9	2	4	3	5	7	6	8
6	3	7	8	1	2	4	9	5
5	4	8	6	9	7	3	2	1
3	1	6	9	2	4	8	5	7
7	8	5	1	6	3	9	4	2
4	2	9	5	7	8	1	3	6
8	7	4	3	5	6	2	1	9
9	6	3	2	8	1	5	7	4
2	5	1	7	4	9	6	8	3

QUESTION

044 進階篇

*解答請見第51頁。

目標時間：30分00秒
實際時間：　　分　秒

3								8
	2			5			6	
			2	8	6			
		9	4			2		
	3	7				4	8	
		2			1	9		
			1	6	3			
	5			9			3	
6								7

檢查表

1	2	3
4	5	6
7	8	9

Q042解答

解題方法可參考本書第4-5頁的「高階解題技巧大公開」。

8	5	3	4	9	6	1	7	2
4	1	7	2	5	8	9	3	6
9	2	6	1	7	3	5	8	4
7	4	2	6	3	1	8	9	5
5	3	1	8	2	9	4	6	7
6	8	9	7	4	5	3	2	1
1	6	4	3	8	7	2	5	9
2	9	8	5	6	4	7	1	3
3	7	5	9	1	2	6	4	8

QUESTION

045 進階篇

＊解答請見第52頁。

目標時間：30分00秒
實際時間：　分　秒

1								
		9				7	2	
	8		2	3	4		9	
		3			7	6		
		5		9		1		
		1	8			4		
	2		4	5	3		1	
	6	8				2		
								7

檢查表

1	2	3
4	5	6
7	8	9

Q043解答

解題方法可參考本書第4-5頁的「高階解題技巧大公開」。

5	8	1	3	2	6	9	7	4
4	7	2	9	8	1	3	5	6
3	9	6	5	4	7	8	2	1
7	3	9	8	1	4	5	6	2
6	1	5	2	7	3	4	8	9
8	2	4	6	5	9	1	3	7
1	5	8	4	6	2	7	9	3
9	6	7	1	3	5	2	4	8
2	4	3	7	9	8	6	1	5

QUESTION

046 進階篇

＊解答請見第53頁。

目標時間：30分00秒
實際時間：　　分　　秒

			2		1	3		
		4				6		
	2					5	1	9
1			3		9			5
				7				
8			4		6			2
2	5	7					3	
		6				2		
		1	9		4			

檢查表

1	2	3
4	5	6
7	8	9

Q044解答

解題方法可參考本書第4-5頁的「高階解題技巧大公開」。

3	9	6	7	1	4	5	2	8
4	2	8	3	5	9	7	6	1
7	1	5	2	8	6	3	4	9
5	6	9	4	7	8	2	1	3
1	3	7	9	2	5	4	8	6
8	4	2	6	3	1	9	7	5
9	7	4	1	6	3	8	5	2
2	5	1	8	9	7	6	3	4
6	8	3	5	4	2	1	9	7

QUESTION
047 進階篇

＊解答請見第54頁。

目標時間：30分00秒
實際時間：　　分　秒

		8	7			3		
							1	
4			9	8	3			2
1		2				6		
		3		2		1		
		7				4		9
7			3	1	4			5
	1							
		9			5	2		

檢查表

1	2	3
4	5	6
7	8	9

Q045解答

解題方法可參考本書第4-5頁的「高階解題技巧大公開」。

1	5	2	9	7	8	3	6	4
4	3	9	5	6	1	7	2	8
7	8	6	2	3	4	5	9	1
2	9	3	1	4	7	6	8	5
8	4	5	3	9	6	1	7	2
6	7	1	8	2	5	4	3	9
9	2	7	4	5	3	8	1	6
5	6	8	7	1	9	2	4	3
3	1	4	6	8	2	9	5	7

QUESTION

048 進階篇

*解答請見第55頁。

目標時間：30分00秒
實際時間：　　分　秒

		3						
	7		6		9		3	
1		4		2		6		
	3		2				8	
		8		3		9		
	2				5		1	
		1		7		4		3
	5		1		8		2	
						8		

檢查表

1	2	3
4	5	6
7	8	9

Q046解答

解題方法可參考本書第4-5頁的「高階解題技巧大公開」。

5	9	8	2	6	1	3	4	7
7	1	4	5	9	3	6	2	8
6	2	3	8	4	7	5	1	9
1	7	2	3	8	9	4	6	5
4	6	5	1	7	2	8	9	3
8	3	9	4	5	6	1	7	2
2	5	7	6	1	8	9	3	4
9	4	6	7	3	5	2	8	1
3	8	1	9	2	4	7	5	6

QUESTION

049 進階篇

＊解答請見第56頁。

目標時間：30分00秒
實際時間：　分　秒

								2
	4	3				6		
	6	8	7		3		9	
		9	8		1	3		
				4				
		1	5		6	8		
	5		1		7	9	2	
		2				7	6	
1								

檢查表

1	2	3
4	5	6
7	8	9

Q047解答

解題方法可參考本書第4-5頁的「高階解題技巧大公開」。

2	6	8	7	5	1	3	9	4
9	3	5	4	6	2	8	1	7
4	7	1	9	8	3	5	6	2
1	9	2	8	4	7	6	5	3
6	4	3	5	2	9	1	7	8
8	5	7	1	3	6	4	2	9
7	2	6	3	1	4	9	8	5
5	1	4	2	9	8	7	3	6
3	8	9	6	7	5	2	4	1

QUESTION

050 進階篇

＊解答請見第57頁。

目標時間：30分00秒
實際時間：　　分　秒

				3				2
		8	4		6	3		
	1	4					5	
	4				7		3	
1				9				4
	9		3				2	
	8					1	6	
		3	9		2	7		
5				6				

檢查表

1	2	3
4	5	6
7	8	9

Q048解答

解題方法可參考本書第4-5頁的「高階解題技巧大公開」。

9	6	3	4	5	1	2	7	8
2	7	5	6	8	9	1	3	4
1	8	4	3	2	7	6	9	5
6	3	9	2	1	4	5	8	7
5	1	8	7	3	6	9	4	2
4	2	7	8	9	5	3	1	6
8	9	1	5	7	2	4	6	3
3	5	6	1	4	8	7	2	9
7	4	2	9	6	3	8	5	1

QUESTION

051 進階篇

*解答請見第58頁。

目標時間：30分00秒
實際時間：　分　秒

		6				9		3
	3						1	
1			2		4			8
		1		4		3		
			7		2			
		2		1		5		
2			6		9			4
	5						2	
7		3				1		

檢查表

1	2	3
4	5	6
7	8	9

Q049解答

解題方法可參考本書第4-5頁的「高階解題技巧大公開」。

9	1	7	6	8	4	5	3	2
5	4	3	9	1	2	6	8	7
2	6	8	7	5	3	1	9	4
6	2	9	8	7	1	3	4	5
7	8	5	3	4	9	2	1	6
4	3	1	5	2	6	8	7	9
3	5	4	1	6	7	9	2	8
8	9	2	4	3	5	7	6	1
1	7	6	2	9	8	4	5	3

QUESTION

052 進階篇

＊解答請見第59頁。

目標時間：30分00秒
實際時間：　　分　　秒

								4
		2	6		3			
	5	1		2		6		
	9		2		5		1	
		3				4		
	2		3		1		8	
		7		1		2	9	
			8		4	5		
3								

檢查表

1	2	3
4	5	6
7	8	9

Q050解答

解題方法可參考本書第4-5頁的「高階解題技巧大公開」。

7	5	6	1	3	8	4	9	2
9	2	8	4	5	6	3	1	7
3	1	4	7	2	9	6	5	8
6	4	5	2	8	7	9	3	1
1	3	2	6	9	5	8	7	4
8	9	7	3	4	1	5	2	6
2	8	9	5	7	4	1	6	3
4	6	3	9	1	2	7	8	5
5	7	1	8	6	3	2	4	9

QUESTION
053 進階篇

＊解答請見第60頁。

目標時間：30分00秒
實際時間：　分　秒

					6			5
		3		1		2		
	4	8		5			9	
			7					4
	1	4		8		6	3	
2					3			
	2			7		3	4	
		7		2		9		
5			1					

檢查表

1	2	3
4	5	6
7	8	9

Q051解答

解題方法可參考本書第4-5頁的「高階解題技巧大公開」。

5	2	6	1	8	7	9	4	3
8	3	4	9	6	5	2	1	7
1	9	7	2	3	4	6	5	8
9	7	1	5	4	6	3	8	2
3	8	5	7	9	2	4	6	1
6	4	2	8	1	3	5	7	9
2	1	8	6	5	9	7	3	4
4	5	9	3	7	1	8	2	6
7	6	3	4	2	8	1	9	5

QUESTION

054 進階篇

＊解答請見第61頁。

目標時間：30分00秒
實際時間：　分　秒

			8					
	2	9				7	5	
	5		1		7		4	
3		2	5			6		
				3				
		1			6	4		2
	7		2		1		9	
	3	4				2	8	
					4			

檢查表

1	2	3
4	5	6
7	8	9

Q052解答

解題方法可參考本書第4-5頁的「高階解題技巧大公開」。

6	3	8	1	5	7	9	2	4
9	4	2	6	8	3	1	7	5
7	5	1	4	2	9	6	3	8
8	9	4	2	7	5	3	1	6
1	7	3	9	6	8	4	5	2
5	2	6	3	4	1	7	8	9
4	8	7	5	1	6	2	9	3
2	1	9	8	3	4	5	6	7
3	6	5	7	9	2	8	4	1

QUESTION

055 進階篇

＊解答請見第62頁。

目標時間：30分00秒
實際時間：　分　秒

1			9		8			6
	2		6		1		3	
						7		
3	5						6	2
				1				
7	1						5	3
		3						
	7		4		2		1	
6			5		3			4

檢查表

1	2	3
4	5	6
7	8	9

Q053解答

解題方法可參考本書第4-5頁的「高階解題技巧大公開」。

1	9	2	8	3	6	4	7	5
7	5	3	4	1	9	2	6	8
6	4	8	2	5	7	1	9	3
3	8	6	7	9	1	5	2	4
9	1	4	5	8	2	6	3	7
2	7	5	6	4	3	8	1	9
8	2	1	9	7	5	3	4	6
4	6	7	3	2	8	9	5	1
5	3	9	1	6	4	7	8	2

QUESTION
056 進階篇

＊解答請見第63頁。

目標時間：30分00秒
實際時間：　分　秒

6								
	5			4			2	
		7	1	3	2			
		3	2			5		
	4	5				7	6	
		1			8	2		
			3	9	1	8		
	1			6			5	
								4

檢查表

1	2	3
4	5	6
7	8	9

Q054解答

4	6	7	8	5	9	1	2	3
1	2	9	6	4	3	7	5	8
8	5	3	1	2	7	9	4	6
3	4	2	5	1	8	6	7	9
7	9	6	4	3	2	8	1	5
5	8	1	9	7	6	4	3	2
6	7	5	2	8	1	3	9	4
9	3	4	7	6	5	2	8	1
2	1	8	3	9	4	5	6	7

解題方法可參考本書第4-5頁的「高階解題技巧大公開」。

QUESTION

057 進階篇

*解答請見第64頁。

目標時間：30分00秒
實際時間：　　分　秒

			3		2	8	6	
			1		5			3
		2						1
1	9						2	8
				1				
7	8						9	4
6						4		
2			4		7			
	5	1	2		3			

檢查表

1	2	3
4	5	6
7	8	9

Q055解答

解題方法可參考本書第4-5頁的「高階解題技巧大公開」。

1	3	7	9	5	8	4	2	6
4	2	9	6	7	1	5	3	8
5	8	6	2	3	4	7	9	1
3	5	8	7	4	9	1	6	2
9	6	2	3	1	5	8	4	7
7	1	4	8	2	6	9	5	3
2	4	3	1	9	7	6	8	5
8	7	5	4	6	2	3	1	9
6	9	1	5	8	3	2	7	4

QUESTION

058 進階篇

＊解答請見第65頁。

目標時間：30分00秒
實際時間：　　分　秒

		4	7			2		1
			2		4			
1								8
9	1		8		2		5	
				3				
	8		5		9		4	3
4								6
			4		5			
7		2			3	9		

檢查表

1	2	3
4	5	6
7	8	9

Q056解答

解題方法可參考本書第4-5頁的「高階解題技巧大公開」。

6	3	2	5	8	9	4	1	7
1	5	8	6	4	7	9	2	3
4	9	7	1	3	2	6	8	5
9	8	3	2	7	6	5	4	1
2	4	5	9	1	3	7	6	8
7	6	1	4	5	8	2	3	9
5	2	4	3	9	1	8	7	6
8	1	9	7	6	4	3	5	2
3	7	6	8	2	5	1	9	4

QUESTION

059 進階篇

*解答請見第66頁。

目標時間：30分00秒

實際時間：　分　秒

	4				1		2	5
3					5			8
			3		4			
		5				6	4	1
				2				
8	3	4				9		
			8		2			
1			6					7
9	2		1				3	

檢查表

1	2	3
4	5	6
7	8	9

Q057解答

解題方法可參考本書第4-5頁的「高階解題技巧大公開」。

9	1	5	3	4	2	8	6	7
8	6	7	1	9	5	2	4	3
3	4	2	6	7	8	9	5	1
1	9	6	7	3	4	5	2	8
5	2	4	8	1	9	3	7	6
7	8	3	5	2	6	1	9	4
6	7	8	9	5	1	4	3	2
2	3	9	4	8	7	6	1	5
4	5	1	2	6	3	7	8	9

QUESTION
060 進階篇

*解答請見第67頁。

目標時間：30分00秒
實際時間：　分　秒

1			2		9			
							1	
		2	7		3	6		
2		5	3			1		4
				2				
8		4			1	3		5
		3	1		6	4		
	5							
			5		4			3

檢查表

1	2	3
4	5	6
7	8	9

Q058解答

3	6	4	7	5	8	2	9	1
8	7	9	2	1	4	3	6	5
1	2	5	3	9	6	4	7	8
9	1	3	8	4	2	6	5	7
5	4	7	6	3	1	8	2	9
2	8	6	5	7	9	1	4	3
4	3	8	9	2	7	5	1	6
6	9	1	4	8	5	7	3	2
7	5	2	1	6	3	9	8	4

解題方法可參考本書第4-5頁的「高階解題技巧大公開」。

QUESTION

061 進階篇

＊解答請見第68頁。

目標時間：30分00秒
實際時間：　分　秒

		1	7	3	9	8		
	4	2		8			3	
	5						2	
	2	4		1		7	9	
	9						1	
	3			7		1	8	
		8	3	2	6	5		

檢查表

1	2	3
4	5	6
7	8	9

Q059解答

解題方法可參考本書第4-5頁的「高階解題技巧大公開」。

6	4	7	9	8	1	3	2	5
3	1	9	2	7	5	4	6	8
5	8	2	3	6	4	7	1	9
2	9	5	7	3	8	6	4	1
7	6	1	4	2	9	5	8	3
8	3	4	5	1	6	9	7	2
4	7	3	8	9	2	1	5	6
1	5	8	6	4	3	2	9	7
9	2	6	1	5	7	8	3	4

QUESTION

062 進階篇

＊解答請見第69頁。

目標時間：	30分00秒
實際時間：	分　秒

		7	2			5		
	1			8	5	9	2	
	3			1		6		
		4	3	9	2	8		
		8		7			1	
	5	2	1	6			3	
		3			4	7		

檢查表

1	2	3
4	5	6
7	8	9

Q060解答

1	4	6	2	5	9	8	3	7
7	3	9	6	4	8	5	1	2
5	8	2	7	1	3	6	4	9
2	6	5	3	8	7	1	9	4
3	9	1	4	2	5	7	8	6
8	7	4	9	6	1	3	2	5
9	2	3	1	7	6	4	5	8
4	5	7	8	3	2	9	6	1
6	1	8	5	9	4	2	7	3

解題方法可參考本書第4-5頁的「高階解題技巧大公開」。

QUESTION

063 進階篇

＊解答請見第70頁。

目標時間：30分00秒
實際時間：　分　秒

1		4				8		9
8		5	2	6				1
		2	4		3			
		1		9		7		
			8		7	9		
4				5	1	6		7
2		3				1		4

檢查表

1	2	3
4	5	6
7	8	9

Q061解答

解題方法可參考本書第4-5頁的「高階解題技巧大公開」。

3	8	9	2	4	1	6	5	7
5	6	1	7	3	9	8	4	2
7	4	2	6	8	5	9	3	1
1	5	3	9	6	7	4	2	8
6	2	4	8	1	3	7	9	5
8	9	7	4	5	2	3	1	6
2	3	6	5	7	4	1	8	9
9	1	8	3	2	6	5	7	4
4	7	5	1	9	8	2	6	3

QUESTION

064 進階篇

＊解答請見第71頁。

目標時間：30分00秒
實際時間：　分　秒

		7	6			3	8	
	2		7	5	4		6	
	8	1				2		
		5		3		8		
		4				7	1	
	7		1	2	8		9	
	4	3			5	6		

檢查表

1	2	3
4	5	6
7	8	9

Q062解答

解題方法可參考本書第4-5頁的「高階解題技巧大公開」。

2	4	5	6	3	9	1	8	7
8	9	7	2	4	1	5	6	3
3	1	6	7	8	5	9	2	4
7	3	9	5	1	8	6	4	2
1	6	4	3	9	2	8	7	5
5	2	8	4	7	6	3	1	9
9	5	2	1	6	7	4	3	8
6	8	3	9	2	4	7	5	1
4	7	1	8	5	3	2	9	6

QUESTION
065 進階篇

＊解答請見第72頁。

目標時間：	30分00秒
實際時間：	分　秒

					7			
		8	3			6	1	
	2			5			4	
	8			6				1
		4	1	7	8	3		
6				9			2	
	9			8			3	
	1	3			9	5		
			4					

檢查表

1	2	3
4	5	6
7	8	9

Q063解答

1	2	4	7	3	5	8	6	9
7	6	9	1	8	4	2	3	5
8	3	5	2	6	9	4	7	1
9	7	2	4	1	3	5	8	6
3	8	1	5	9	6	7	4	2
5	4	6	8	2	7	9	1	3
4	9	8	3	5	1	6	2	7
6	1	7	9	4	2	3	5	8
2	5	3	6	7	8	1	9	4

解題方法可參考本書第4-5頁的「高階解題技巧大公開」。

QUESTION

066 進階篇

＊解答請見第73頁。

目標時間：30分00秒
實際時間：　分　秒

		4	5	2	7	8		
	8	1				4	5	
	9				3		8	
	2			1			6	
	7		4				3	
	1	9				3	2	
		6	8	5	1	9		

檢查表

1	2	3
4	5	6
7	8	9

Q064解答

解題方法可參考本書第4-5頁的「高階解題技巧大公開」。

6	1	9	3	8	2	5	7	4
4	5	7	6	1	9	3	8	2
3	2	8	7	5	4	9	6	1
9	8	1	5	4	7	2	3	6
7	6	5	2	3	1	8	4	9
2	3	4	8	9	6	7	1	5
5	7	6	1	2	8	4	9	3
1	4	3	9	7	5	6	2	8
8	9	2	4	6	3	1	5	7

QUESTION

067 進階篇

＊解答請見第74頁。

目標時間：30分00秒
實際時間：　分　秒

		5				3		1
7		4	1		8	9		6
		9	6		3	5		
				4				
		1	7		5	2		
9		8	3		1	7		4
2		3				6		

檢查表

1	2	3
4	5	6
7	8	9

Q065解答

解題方法可參考本書第4-5頁的「高階解題技巧大公開」。

3	4	6	9	1	7	2	8	5
5	7	8	3	4	2	6	1	9
1	2	9	8	5	6	7	4	3
9	8	7	2	6	3	4	5	1
2	5	4	1	7	8	3	9	6
6	3	1	5	9	4	8	2	7
7	9	2	6	8	5	1	3	4
4	1	3	7	2	9	5	6	8
8	6	5	4	3	1	9	7	2

QUESTION

068 進階篇

*解答請見第75頁。

目標時間：30分00秒
實際時間：　分　秒

	7	1		2		8		
	5		4		1	9	2	
		7			4	1		
	3			9			8	
		5	6			2		
	1	8	9		5		3	
		2		1		7	4	

檢查表

1	2	3
4	5	6
7	8	9

Q066解答

解題方法可參考本書第4-5頁的「高階解題技巧大公開」。

9	5	2	1	8	4	6	7	3
3	6	4	5	2	7	8	9	1
7	8	1	6	3	9	4	5	2
6	9	5	2	7	3	1	8	4
4	2	3	9	1	8	7	6	5
1	7	8	4	6	5	2	3	9
5	1	9	7	4	6	3	2	8
2	3	6	8	5	1	9	4	7
8	4	7	3	9	2	5	1	6

QUESTION

069 進階篇

*解答請見第76頁。

目標時間：30分00秒
實際時間：　　分　　秒

	7	9			2		6	
	4		5	1	3	9		
		3				1	4	
		1		5		7		
	2	6				8		
		8	4	2	1		3	
	1		7			6	2	

檢查表

1	2	3
4	5	6
7	8	9

Q067解答

解題方法可參考本書第4-5頁的「高階解題技巧大公開」。

6	9	5	2	7	4	3	8	1
1	8	2	9	3	6	4	7	5
7	3	4	1	5	8	9	2	6
8	2	9	6	1	3	5	4	7
5	7	6	8	4	2	1	9	3
3	4	1	7	9	5	2	6	8
9	6	8	3	2	1	7	5	4
4	1	7	5	6	9	8	3	2
2	5	3	4	8	7	6	1	9

QUESTION

070 進階篇

*解答請見第77頁。

目標時間:	30分00秒
實際時間:	分　秒

				1			8	
						4		7
			5		2	3	6	
		8		7		9		
4			6	9	1			5
		3		2		1		
	6	2	9		4			
5		1						
	3			6				

檢查表

1	2	3
4	5	6
7	8	9

Q068解答

解題方法可參考本書第4-5頁的「高階解題技巧大公開」。

4	2	9	5	8	6	3	7	1
6	7	1	3	2	9	8	5	4
8	5	3	4	7	1	9	2	6
9	8	7	2	5	4	1	6	3
2	3	6	1	9	7	4	8	5
1	4	5	6	3	8	2	9	7
7	1	8	9	4	5	6	3	2
5	6	2	8	1	3	7	4	9
3	9	4	7	6	2	5	1	8

QUESTION

071 進階篇

＊解答請見第78頁。

目標時間：30分00秒
實際時間：　　分　秒

			4		7			
					9	3	8	
		5				6	7	
7			1		6		5	2
3	5		2		8			1
	2	4				1		
	3	1	7					
			6		3			

檢查表

1	2	3
4	5	6
7	8	9

Q069解答

8	3	5	9	6	7	2	1	4
1	7	9	8	4	2	3	6	5
6	4	2	5	1	3	9	7	8
5	9	3	2	7	8	1	4	6
4	8	1	3	5	6	7	9	2
7	2	6	1	9	4	8	5	3
9	6	8	4	2	1	5	3	7
3	1	4	7	8	5	6	2	9
2	5	7	6	3	9	4	8	1

解題方法可參考本書第4-5頁的「高階解題技巧大公開」。

QUESTION
072 進階篇

＊解答請見第79頁。

目標時間：30分00秒
實際時間：　分　秒

	8		9		5			
2		1				9		
	3			6			7	
4					8			3
		6				2		
3			1					4
	5			1			6	
		7				3		2
			7		3		5	

檢查表

1	2	3
4	5	6
7	8	9

Q070解答

3	4	6	7	1	9	5	8	2
2	1	5	3	8	6	4	9	7
7	8	9	5	4	2	3	6	1
1	5	8	4	7	3	9	2	6
4	2	7	6	9	1	8	3	5
6	9	3	8	2	5	1	7	4
8	6	2	9	5	4	7	1	3
5	7	1	2	3	8	6	4	9
9	3	4	1	6	7	2	5	8

解題方法可參考本書第4-5頁的「高階解題技巧大公開」。

QUESTION
073 進階篇

＊解答請見第80頁。

目標時間：30分00秒
實際時間：　分　秒

						6		
	3				4		2	
			8	9	6			1
		8			3	9	4	
		2				1		
	6	5	9			2		
1			2	7	8			
	4		5				3	
		7						

檢查表

1	2	3
4	5	6
7	8	9

Q071解答

解題方法可參考本書第4-5頁的「高階解題技巧大公開」。

9	6	3	4	8	7	2	1	5
1	7	2	5	6	9	3	8	4
4	8	5	3	2	1	6	7	9
7	4	9	1	3	6	8	5	2
2	1	8	9	5	4	7	6	3
3	5	6	2	7	8	9	4	1
6	2	4	8	9	5	1	3	7
8	3	1	7	4	2	5	9	6
5	9	7	6	1	3	4	2	8

QUESTION
074 進階篇

*解答請見第81頁。

目標時間：30分00秒
實際時間：　分　秒

			6		9			2
	7						5	
		2	7		1			
7		3			5	6		4
8		4	2			1		9
			1		6	3		
	2						1	
4			3		7			

檢查表

1	2	3
4	5	6
7	8	9

Q072解答

解題方法可參考本書第4-5頁的「高階解題技巧大公開」。

7	8	4	9	3	5	1	2	6
2	6	1	8	7	4	9	3	5
9	3	5	2	6	1	4	7	8
4	7	9	6	2	8	5	1	3
5	1	6	3	4	9	2	8	7
3	2	8	1	5	7	6	9	4
8	5	3	4	1	2	7	6	9
1	9	7	5	8	6	3	4	2
6	4	2	7	9	3	8	5	1

QUESTION
075 進階篇

＊解答請見第82頁。

目標時間：30分00秒
實際時間：　分　秒

6		7				9		
				1				
5			4	7				6
		3	2		1			
	4	1				8	5	
			3		8	2		
3				9	5			4
				2				
		6				7		1

檢查表

1	2	3
4	5	6
7	8	9

Q073解答

5	8	1	7	3	2	6	9	4
9	3	6	1	5	4	8	2	7
2	7	4	8	9	6	3	5	1
7	1	8	6	2	3	9	4	5
3	9	2	4	8	5	1	7	6
4	6	5	9	1	7	2	8	3
1	5	3	2	7	8	4	6	9
8	4	9	5	6	1	7	3	2
6	2	7	3	4	9	5	1	8

解題方法可參考本書第4-5頁的「高階解題技巧大公開」。

QUESTION

076 進階篇

＊解答請見第83頁。

目標時間：30分00秒
實際時間：　分　秒

2								6
	6		1	9	8			
		4				5		
	4			1			2	
	5		3		9		4	
	7			6			8	
		1				3		
			5	2	7		9	
5								2

檢查表

1	2	3
4	5	6
7	8	9

Q074解答

1	4	8	6	5	9	7	3	2
6	7	9	4	3	2	8	5	1
5	3	2	7	8	1	4	9	6
7	9	3	8	1	5	6	2	4
2	6	1	9	7	4	5	8	3
8	5	4	2	6	3	1	7	9
9	8	7	1	2	6	3	4	5
3	2	6	5	4	8	9	1	7
4	1	5	3	9	7	2	6	8

解題方法可參考本書第4-5頁的「高階解題技巧大公開」。

QUESTION

077 進階篇

＊解答請見第84頁。

目標時間：	30分00秒
實際時間：	分　秒

	2						5	
4				6		2		8
			4		9		1	
		7			4	5		
	5						8	
		1	3			9		
	7		2		3			
5		4		8				1
	3						6	

檢查表

1	2	3
4	5	6
7	8	9

Q075解答

解題方法可參考本書第4-5頁的「高階解題技巧大公開」。

6	1	7	5	8	3	9	4	2
4	3	9	6	1	2	5	7	8
5	2	8	4	7	9	1	3	6
8	9	3	2	5	1	4	6	7
2	4	1	9	6	7	8	5	3
7	6	5	3	4	8	2	1	9
3	7	2	1	9	5	6	8	4
1	8	4	7	2	6	3	9	5
9	5	6	8	3	4	7	2	1

QUESTION

078 進階篇

*解答請見第85頁。

目標時間：30分00秒
實際時間：　　分　　秒

			6				5	2
	8						4	7
		2		1		6		
5			2		9			
		4				3		
			1		3			6
		1		5		2		
7	6						3	
3	2				4			

檢查表

1	2	3
4	5	6
7	8	9

Q076解答

解題方法可參考本書第4-5頁的「高階解題技巧大公開」。

2	1	9	4	5	3	8	7	6
7	6	5	1	9	8	2	3	4
3	8	4	6	7	2	5	1	9
9	4	8	7	1	5	6	2	3
6	5	2	3	8	9	7	4	1
1	7	3	2	6	4	9	8	5
8	2	1	9	4	6	3	5	7
4	3	6	5	2	7	1	9	8
5	9	7	8	3	1	4	6	2

QUESTION

079 進階篇

＊解答請見第86頁。

目標時間：30分00秒
實際時間：　分　秒

			1		8			
		1	4			5	9	
	6						4	
1	3		2		5			7
4			7		9		6	3
	5						2	
	9	2			7	3		
			9		6			

檢查表

1	2	3
4	5	6
7	8	9

Q077解答

解題方法可參考本書第4-5頁的「高階解題技巧大公開」。

6	2	9	1	3	8	4	5	7
4	1	3	7	6	5	2	9	8
7	8	5	4	2	9	6	1	3
9	6	7	8	1	4	5	3	2
3	5	2	9	7	6	1	8	4
8	4	1	3	5	2	9	7	6
1	7	6	2	9	3	8	4	5
5	9	4	6	8	7	3	2	1
2	3	8	5	4	1	7	6	9

QUESTION
080 進階篇

＊解答請見第87頁。

目標時間：30分00秒
實際時間：　分　秒

					2			
	4	9					3	
	5		4	1		6		
		3		6				7
		2	9		5	3		
1				8		2		
		4		3	6		1	
	6					8	9	
			1					

檢查表

1	2	3
4	5	6
7	8	9

Q078解答

4	1	7	6	3	8	9	5	2
6	8	3	5	9	2	1	4	7
9	5	2	4	1	7	6	8	3
5	3	6	2	8	9	7	1	4
1	9	4	7	6	5	3	2	8
2	7	8	1	4	3	5	9	6
8	4	1	3	5	6	2	7	9
7	6	9	8	2	1	4	3	5
3	2	5	9	7	4	8	6	1

解題方法可參考本書第4-5頁的「高階解題技巧大公開」。

QUESTION

081 高手篇

*解答請見第88頁。

目標時間：60分00秒
實際時間：　　分　秒

						1		
			5	3	6		7	
				2	7			5
	3					6	9	
	6	5		1		8	3	
	1	2					4	
1			9	4				
	2		7	8	3			
		4						

檢查表

1	2	3
4	5	6
7	8	9

Q079解答

解題方法可參考本書第4-5頁的「高階解題技巧大公開」。

5	4	9	1	7	8	2	3	6
2	7	1	4	6	3	5	9	8
8	6	3	5	9	2	7	4	1
1	3	6	2	4	5	9	8	7
9	8	7	6	3	1	4	5	2
4	2	5	7	8	9	1	6	3
7	5	8	3	1	4	6	2	9
6	9	2	8	5	7	3	1	4
3	1	4	9	2	6	8	7	5

QUESTION

082 高手篇

＊解答請見第89頁。

目標時間：60分00秒
實際時間：　　分　秒

				1			7	
			7					4
			2	8	6	5		
	2	3				1		
9		1		4		7		8
		5				2	3	
		2	6	5	3			
3					7			
	1			9				

檢查表

1	2	3
4	5	6
7	8	9

Q080解答

解題方法可參考本書第4-5頁的「高階解題技巧大公開」。

8	1	6	3	9	2	5	7	4
2	4	9	6	5	7	1	3	8
3	5	7	4	1	8	6	2	9
4	8	3	2	6	1	9	5	7
6	7	2	9	4	5	3	8	1
1	9	5	7	8	3	2	4	6
9	2	4	8	3	6	7	1	5
7	6	1	5	2	4	8	9	3
5	3	8	1	7	9	4	6	2

QUESTION

083 高手篇

*解答請見第90頁。

目標時間：60分00秒
實際時間：　分　秒

		5	2		3	1		
	3	4		7			6	
	8			4			1	
		9	7	2	8	4		
	5			6			2	
	9			5		3	4	
		2	1		6	7		

檢查表

1	2	3
4	5	6
7	8	9

Q081解答

2	5	7	8	9	4	1	6	3
8	9	1	5	3	6	2	7	4
6	4	3	1	2	7	9	8	5
4	3	8	2	7	5	6	9	1
7	6	5	4	1	9	8	3	2
9	1	2	3	6	8	5	4	7
1	7	6	9	4	2	3	5	8
5	2	9	7	8	3	4	1	6
3	8	4	6	5	1	7	2	9

解題方法可參考本書第4-5頁的「高階解題技巧大公開」。

QUESTION

084 高手篇

＊解答請見第91頁。

目標時間：60分00秒
實際時間：　　分　秒

	3						7	
5						4		3
		9		5		6	1	
			2	7				
		2	9	6	3	1		
				1	4			
	1	4		2		9		
2		3						5
	6						8	

檢查表

1	2	3
4	5	6
7	8	9

Q082解答

解題方法可參考本書第4-5頁的「高階解題技巧大公開」。

6	3	9	5	1	4	8	7	2
2	5	8	7	3	9	6	1	4
1	4	7	2	8	6	5	9	3
8	2	3	9	7	5	1	4	6
9	6	1	3	4	2	7	5	8
4	7	5	8	6	1	2	3	9
7	9	2	6	5	3	4	8	1
3	8	4	1	2	7	9	6	5
5	1	6	4	9	8	3	2	7

QUESTION

085 高手篇

＊解答請見第92頁。

目標時間：60分00秒
實際時間：　分　秒

	5			2			7	
3		7						6
	1	8		6		2		
			4					
5		1		7		4		3
					5			
		6		8		3	2	
2						6		1
	9			1			4	

檢查表

1	2	3
4	5	6
7	8	9

Q083解答

解題方法可參考本書第4-5頁的「高階解題技巧大公開」。

7	2	8	6	1	4	5	3	9
9	6	5	2	8	3	1	7	4
1	3	4	5	7	9	2	6	8
2	8	6	3	4	5	9	1	7
3	1	9	7	2	8	4	5	6
4	5	7	9	6	1	8	2	3
6	9	1	8	5	7	3	4	2
8	4	2	1	3	6	7	9	5
5	7	3	4	9	2	6	8	1

QUESTION

086 高手篇

＊解答請見第93頁。

目標時間：60分00秒
實際時間：　　分　秒

				1				6
				3	5			
		8	2		4	3		
		6				1	5	
1	7			4			3	8
	3	2				6		
		7	1		2	8		
			3	9				
6				8				

檢查表

1	2	3
4	5	6
7	8	9

Q084解答

1	3	8	6	4	9	5	7	2
5	2	6	7	8	1	4	9	3
4	7	9	3	5	2	6	1	8
3	9	1	2	7	5	8	6	4
8	4	2	9	6	3	1	5	7
6	5	7	8	1	4	3	2	9
7	1	4	5	2	8	9	3	6
2	8	3	1	9	6	7	4	5
9	6	5	4	3	7	2	8	1

解題方法可參考本書第4-5頁的「高階解題技巧大公開」。

QUESTION

087 高手篇

*解答請見第94頁。

目標時間：60分00秒
實際時間：　　分　　秒

3								8
	2	1				4		
	8	9			5		3	
			2	7		9		
			8	4	6			
		6		9	3			
	3		1			8	9	
		2				7	4	
8								5

檢查表

1	2	3
4	5	6
7	8	9

Q085解答

解題方法可參考本書第4-5頁的「高階解題技巧大公開」。

6	5	9	3	2	1	8	7	4
3	2	7	8	5	4	9	1	6
4	1	8	7	6	9	2	3	5
7	3	2	4	9	6	1	5	8
5	6	1	2	7	8	4	9	3
9	8	4	1	3	5	7	6	2
1	4	6	5	8	7	3	2	9
2	7	5	9	4	3	6	8	1
8	9	3	6	1	2	5	4	7

QUESTION

088 高手篇

＊解答請見第95頁。

目標時間：60分00秒
實際時間：　　分　秒

		7				3		
	9				8		6	
3				7		5		2
			6		5		4	
		1		3		9		
	7		8		1			
5		2		6				4
	4		2				3	
		6				1		

檢查表

1	2	3
4	5	6
7	8	9

Q086解答

解題方法可參考本書第4-5頁的「高階解題技巧大公開」。

7	5	3	9	1	8	4	2	6
2	6	4	7	3	5	9	8	1
9	1	8	2	6	4	3	7	5
4	9	6	8	2	3	1	5	7
1	7	5	6	4	9	2	3	8
8	3	2	5	7	1	6	9	4
3	4	7	1	5	2	8	6	9
5	8	1	3	9	6	7	4	2
6	2	9	4	8	7	5	1	3

QUESTION

089 高手篇

＊解答請見第96頁。

目標時間：60分00秒

實際時間：　分　秒

	7							
5		8		7		3		
	1		5		4		8	
		2			7	6		
	5			6			1	
		4	2			5		
	6		3		1		5	
		1		2		8		4
							6	

檢查表

1	2	3
4	5	6
7	8	9

Q087解答

3	6	5	9	1	4	2	7	8
7	2	1	6	3	8	4	5	9
4	8	9	7	2	5	6	3	1
5	4	8	2	7	1	9	6	3
9	1	3	8	4	6	5	2	7
2	7	6	5	9	3	1	8	4
6	3	4	1	5	7	8	9	2
1	5	2	3	8	9	7	4	6
8	9	7	4	6	2	3	1	5

解題方法可參考本書第4-5頁的「高階解題技巧大公開」。

QUESTION

090 高手篇

＊解答請見第97頁。

目標時間：60分00秒
實際時間：　　分　秒

		4				3		
	9				7			
1				2	3			6
						5	4	
		7		5		9		
	4	2						
3			4	9				8
			8				1	
		1				2		

檢查表

1	2	3
4	5	6
7	8	9

Q088解答

解題方法可參考本書第4-5頁的「高階解題技巧大公開」。

2	6	7	4	5	9	3	1	8
1	9	5	3	2	8	4	6	7
3	8	4	1	7	6	5	9	2
8	2	3	6	9	5	7	4	1
4	5	1	7	3	2	9	8	6
6	7	9	8	4	1	2	5	3
5	1	2	9	6	3	8	7	4
9	4	8	2	1	7	6	3	5
7	3	6	5	8	4	1	2	9

QUESTION

091 高手篇

＊解答請見第98頁。

目標時間：60分00秒
實際時間：　　分　秒

7					4			3
						2		
		8		1		5	6	
			4		3			9
		4				3		
1			7		6			
	2	5		3		1		
		3						
4			1					8

檢查表

1	2	3
4	5	6
7	8	9

Q089解答

解題方法可參考本書第4-5頁的「高階解題技巧大公開」。

3	7	6	1	8	2	9	4	5
5	4	8	9	7	6	3	2	1
2	1	9	5	3	4	7	8	6
1	9	2	4	5	7	6	3	8
7	5	3	8	6	9	4	1	2
6	8	4	2	1	3	5	9	7
8	6	7	3	4	1	2	5	9
9	3	1	6	2	5	8	7	4
4	2	5	7	9	8	1	6	3

QUESTION

092 高手篇

*解答請見第99頁。

目標時間：60分00秒
實際時間：　　分　秒

6				4				8
	9	8						
	2		3		9			
		1			2	4		
5								6
		2	6			8		
			9		1		5	
						3	1	
4				7				9

檢查表

1	2	3
4	5	6
7	8	9

Q090解答

解題方法可參考本書第4-5頁的「高階解題技巧大公開」。

7	6	4	1	8	5	3	2	9
2	9	3	6	4	7	1	8	5
1	5	8	9	2	3	4	7	6
6	3	9	2	1	8	5	4	7
8	1	7	3	5	4	9	6	2
5	4	2	7	6	9	8	3	1
3	2	6	4	9	1	7	5	8
9	7	5	8	3	2	6	1	4
4	8	1	5	7	6	2	9	3

QUESTION

093 高手篇

＊解答請見第100頁。

目標時間：60分00秒
實際時間：　　分　秒

	5						3	
7						1		9
				7	2		6	
				9		4		
		5	8		1	7		
		1		5				
	8		4	1				
1		9						6
	6						7	

檢查表

1	2	3
4	5	6
7	8	9

Q091解答

解題方法可參考本書第4-5頁的「高階解題技巧大公開」。

7	5	1	2	6	4	8	9	3
3	6	9	8	7	5	2	4	1
2	4	8	3	1	9	5	6	7
5	8	6	4	2	3	7	1	9
9	7	4	5	8	1	3	2	6
1	3	2	7	9	6	4	8	5
6	2	5	9	3	8	1	7	4
8	1	3	6	4	7	9	5	2
4	9	7	1	5	2	6	3	8

QUESTION

094 高手篇

*解答請見第101頁。

目標時間：60分00秒
實際時間：　　分　　秒

								7
	7		6	2	1		4	
		5						
	4		1		8		6	
	1						3	
	3		9		7		5	
						3		
	5		3	4	2		7	
1								

檢查表

1	2	3
4	5	6
7	8	9

Q092解答

解題方法可參考本書第4-5頁的「高階解題技巧大公開」。

6	3	5	1	4	7	9	2	8
7	9	8	5	2	6	1	4	3
1	2	4	3	8	9	5	6	7
8	6	1	7	9	2	4	3	5
5	4	9	8	1	3	2	7	6
3	7	2	6	5	4	8	9	1
2	8	6	9	3	1	7	5	4
9	5	7	4	6	8	3	1	2
4	1	3	2	7	5	6	8	9

QUESTION
095 高手篇

*解答請見第102頁。

目標時間：60分00秒
實際時間：　分　秒

7								8
			1	2		4		
						7	5	
	2		9	7				
	6		4	3	5		9	
				6	8		7	
	7	1						
		5		9	2			
4								3

檢查表

1	2	3
4	5	6
7	8	9

Q093解答

解題方法可參考本書第4-5頁的「高階解題技巧大公開」。

9	5	6	1	4	8	2	3	7
7	4	2	6	3	5	1	8	9
8	1	3	9	7	2	5	6	4
6	7	8	2	9	3	4	1	5
4	9	5	8	6	1	7	2	3
2	3	1	7	5	4	6	9	8
3	8	7	4	1	6	9	5	2
1	2	9	5	8	7	3	4	6
5	6	4	3	2	9	8	7	1

QUESTION

096 高手篇

＊解答請見第103頁。

目標時間：60分00秒
實際時間：　分　秒

			1		9		8	
							7	4
		1	4	8				
1		6						5
		4		2		9		
3						2		1
				6	2	3		
2	6							
	3		7		8			

檢查表

1	2	3
4	5	6
7	8	9

Q094解答

4	6	1	5	8	3	2	9	7
3	7	9	6	2	1	8	4	5
2	8	5	4	7	9	6	1	3
5	4	7	1	3	8	9	6	2
9	1	6	2	5	4	7	3	8
8	3	2	9	6	7	4	5	1
7	9	4	8	1	5	3	2	6
6	5	8	3	4	2	1	7	9
1	2	3	7	9	6	5	8	4

解題方法可參考本書第4-5頁的「高階解題技巧大公開」。

QUESTION

097 高手篇

＊解答請見第104頁。

目標時間：60分00秒
實際時間：　　分　秒

		3		8		4		
			7		2			
9						6		5
	3				6		7	
5				9				6
	1		4				3	
4		1						2
			8		5			
		2		4		3		

檢查表

1	2	3
4	5	6
7	8	9

Q095解答

解題方法可參考本書第4-5頁的「高階解題技巧大公開」。

7	4	2	3	5	9	6	1	8
5	8	6	1	2	7	4	3	9
9	1	3	6	8	4	7	5	2
3	2	4	9	7	1	8	6	5
8	6	7	4	3	5	2	9	1
1	5	9	2	6	8	3	7	4
2	7	1	5	4	3	9	8	6
6	3	5	8	9	2	1	4	7
4	9	8	7	1	6	5	2	3

QUESTION

098 高手篇

＊解答請見第105頁。

目標時間：60分00秒
實際時間：　　分　　秒

1								2
		3	8	7				
	6	4				8		
	3		9		5			
	9			4			6	
			1		7		4	
		5				3	9	
				5	6	4		
6								8

檢查表

1	2	3
4	5	6
7	8	9

Q096解答

解題方法可參考本書第4-5頁的「高階解題技巧大公開」。

6	4	2	1	7	9	5	8	3
8	9	3	2	5	6	1	7	4
7	5	1	4	8	3	6	9	2
1	2	6	3	9	7	8	4	5
5	8	4	6	2	1	9	3	7
3	7	9	8	4	5	2	6	1
4	1	7	9	6	2	3	5	8
2	6	8	5	3	4	7	1	9
9	3	5	7	1	8	4	2	6

QUESTION
099 高手篇

＊解答請見第106頁。

目標時間：60分00秒
實際時間：　　分　秒

3			1		9			4
	8						5	
		4	2			8		
4		5						7
				7				
1						6		2
		3			1	2		
	9						3	
2			8		5			1

檢查表

1	2	3
4	5	6
7	8	9

Q097解答

2	6	3	5	8	9	4	1	7
1	4	5	7	6	2	8	9	3
9	7	8	1	3	4	6	2	5
8	3	9	2	1	6	5	7	4
5	2	4	3	9	7	1	8	6
6	1	7	4	5	8	2	3	9
4	8	1	6	7	3	9	5	2
3	9	6	8	2	5	7	4	1
7	5	2	9	4	1	3	6	8

解題方法可參考本書第4-5頁的「高階解題技巧大公開」。

QUESTION

100 高手篇

*解答請見第107頁。

目標時間：60分00秒
實際時間：　分　秒

		3		5		6		
						2	8	
2		1					5	9
			2		6			
1				8				4
			5		1			
8	7					1		3
	3	5						
		6		2		8		

檢查表

1	2	3
4	5	6
7	8	9

Q098解答

解題方法可參考本書第4-5頁的「高階解題技巧大公開」。

1	7	8	6	9	4	5	3	2
9	5	3	8	7	2	6	1	4
2	6	4	5	3	1	8	7	9
4	3	1	9	6	5	2	8	7
8	9	7	2	4	3	1	6	5
5	2	6	1	8	7	9	4	3
7	1	5	4	2	8	3	9	6
3	8	9	7	5	6	4	2	1
6	4	2	3	1	9	7	5	8

QUESTION
101 高手篇

＊解答請見第108頁。

目標時間：60分00秒
實際時間：　分　秒

		1				4		
	7				6		2	
2		9	5					7
		3	7				8	
				6				
	4				9	7		
9					2	6		8
	6		1				4	
		7				2		

檢查表

1	2	3
4	5	6
7	8	9

Q099解答

解題方法可參考本書第4-5頁的「高階解題技巧大公開」。

3	5	6	1	8	9	7	2	4
7	8	2	3	4	6	1	5	9
9	1	4	2	5	7	8	6	3
4	3	5	6	1	2	9	8	7
6	2	9	4	7	8	3	1	5
1	7	8	5	9	3	6	4	2
5	4	3	9	6	1	2	7	8
8	9	1	7	2	4	5	3	6
2	6	7	8	3	5	4	9	1

QUESTION

102 高手篇

＊解答請見第109頁。

目標時間：60分00秒
實際時間：　分　秒

				9				5
		1	7		4			
	8	4			6			
	7					9	3	
6				5				4
	1	2					6	
			1			4	7	
			2		9	8		
2				3				

檢查表

1	2	3
4	5	6
7	8	9

Q100解答

解題方法可參考本書第4-5頁的「高階解題技巧大公開」。

7	9	3	8	5	2	6	4	1
5	6	4	1	3	9	2	8	7
2	8	1	6	7	4	3	5	9
3	5	7	2	4	6	9	1	8
1	2	9	3	8	7	5	6	4
6	4	8	5	9	1	7	3	2
8	7	2	4	6	5	1	9	3
9	3	5	7	1	8	4	2	6
4	1	6	9	2	3	8	7	5

QUESTION

103 高手篇

＊解答請見第110頁。

目標時間：60分00秒
實際時間：　分　秒

		5				2		
					4			
3			1		2			9
		3		2		4	7	
			8	1	9			
	5	1		7		9		
6			9		8			3
			3					
		4				6		

檢查表

1	2	3
4	5	6
7	8	9

Q101解答

解題方法可參考本書第4-5頁的「高階解題技巧大公開」。

6	5	1	8	2	7	4	9	3
3	7	4	9	1	6	8	2	5
2	8	9	5	4	3	1	6	7
1	2	3	7	5	4	9	8	6
7	9	8	2	6	1	5	3	4
5	4	6	3	8	9	7	1	2
9	1	5	4	3	2	6	7	8
8	6	2	1	7	5	3	4	9
4	3	7	6	9	8	2	5	1

QUESTION

104 高手篇

＊解答請見第111頁。

目標時間：60分00秒
實際時間：　　分　秒

9				1				5
	2	4						
	5		7		2			
		1	5			9		
7				8				4
		2			3	6		
			1		7		9	
						2	3	
4				2				8

檢查表

1	2	3
4	5	6
7	8	9

Q102解答

解題方法可參考本書第4-5頁的「高階解題技巧大公開」。

7	2	6	3	9	8	1	4	5
5	9	1	7	2	4	3	8	6
3	8	4	5	1	6	2	9	7
8	7	5	6	4	2	9	3	1
6	3	9	8	5	1	7	2	4
4	1	2	9	7	3	5	6	8
9	6	3	1	8	5	4	7	2
1	4	7	2	6	9	8	5	3
2	5	8	4	3	7	6	1	9

QUESTION

105 高手篇

＊解答請見第112頁。

目標時間：60分00秒
實際時間：　　分　秒

						2		1
				5			7	
			3		6			8
		6	2		3	7		
	2			4			3	
		8	1		7	4		
4			9		5			
	3			1				
6		7						

檢查表

1	2	3
4	5	6
7	8	9

Q103解答

解題方法可參考本書第4-5頁的「高階解題技巧大公開」。

1	9	5	7	3	6	2	8	4
7	2	8	5	9	4	1	3	6
3	4	6	1	8	2	7	5	9
9	8	3	6	2	5	4	7	1
4	6	7	8	1	9	3	2	5
2	5	1	4	7	3	9	6	8
6	7	2	9	4	8	5	1	3
5	1	9	3	6	7	8	4	2
8	3	4	2	5	1	6	9	7

QUESTION
106 高手篇

*解答請見第113頁。

目標時間：60分00秒
實際時間：　　分　秒

1				7				6
	2						5	
		3	6		5			
		9			7	6		
4				2				1
		8	1			3		
			4		2	7		
	4						3	
3				1				9

檢查表

1	2	3
4	5	6
7	8	9

Q104解答

解題方法可參考本書第4-5頁的「高階解題技巧大公開」。

9	6	7	3	1	4	8	2	5
1	2	4	8	9	5	7	6	3
3	5	8	7	6	2	1	4	9
8	3	1	5	4	6	9	7	2
7	9	6	2	8	1	3	5	4
5	4	2	9	7	3	6	8	1
2	8	5	1	3	7	4	9	6
6	1	9	4	5	8	2	3	7
4	7	3	6	2	9	5	1	8

QUESTION

107 高手篇

*解答請見第114頁。

目標時間：60分00秒
實際時間：　分　秒

		9			2	5		
		4						
3	1		8					7
		2		8				3
			3	7	1			
4				5		1		
8					4		9	1
						6		
		3	6			4		

檢查表

1	2	3
4	5	6
7	8	9

Q105解答

解題方法可參考本書第4-5頁的「高階解題技巧大公開」。

5	8	3	7	9	4	2	6	1
2	6	9	8	5	1	3	7	4
1	7	4	3	2	6	5	9	8
9	4	6	2	8	3	7	1	5
7	2	1	5	4	9	8	3	6
3	5	8	1	6	7	4	2	9
4	1	2	9	7	5	6	8	3
8	3	5	6	1	2	9	4	7
6	9	7	4	3	8	1	5	2

QUESTION

108 高手篇

＊解答請見第115頁。

目標時間：60分00秒
實際時間：　　分　秒

3								
	7			5			1	
		6	2		4			
		5	9		7	8		
	9			8			3	
		2	4		3	1		
			3		1	7		
	2			9			8	
								2

檢查表

1	2	3
4	5	6
7	8	9

Q106解答

1	5	4	2	7	3	8	9	6
7	2	6	9	8	1	4	5	3
9	8	3	6	4	5	2	1	7
2	1	9	3	5	7	6	8	4
4	3	5	8	2	6	9	7	1
6	7	8	1	9	4	3	2	5
5	9	1	4	3	2	7	6	8
8	4	7	5	6	9	1	3	2
3	6	2	7	1	8	5	4	9

解題方法可參考本書第4-5頁的「高階解題技巧大公開」。

QUESTION

109 高手篇

*解答請見第116頁。

目標時間：60分00秒
實際時間：　　分　　秒

						5		
			2		4		8	
		1		3				4
	2			8			7	
		4	3	7	9	2		
	5			4			1	
3				2		7		
	8		5		1			
		5						

檢查表

1	2	3
4	5	6
7	8	9

Q107解答

7	8	9	1	6	2	5	3	4
5	2	4	9	3	7	8	1	6
3	1	6	8	4	5	9	2	7
1	5	2	4	8	9	7	6	3
6	9	8	3	7	1	2	4	5
4	3	7	2	5	6	1	8	9
8	6	5	7	2	4	3	9	1
2	4	1	5	9	3	6	7	8
9	7	3	6	1	8	4	5	2

解題方法可參考本書第4-5頁的「高階解題技巧大公開」。

QUESTION

110 高手篇

＊解答請見第117頁。

目標時間：60分00秒
實際時間：　　分　秒

		3				1		
	7			3			5	
2				9		7		4
					3			
	2	5		7		9	1	
			8					
9		4		5				6
	3			8			7	
		1				5		

檢查表

1	2	3
4	5	6
7	8	9

Q108解答

3	5	8	1	7	9	2	4	6
2	7	4	6	5	8	9	1	3
9	1	6	2	3	4	5	7	8
6	3	5	9	1	7	8	2	4
4	9	1	5	8	2	6	3	7
7	8	2	4	6	3	1	5	9
8	4	9	3	2	1	7	6	5
5	2	3	7	9	6	4	8	1
1	6	7	8	4	5	3	9	2

解題方法可參考本書第4-5頁的「高階解題技巧大公開」。

QUESTION

111 高手篇

＊解答請見第118頁。

目標時間：60分00秒	
實際時間： 分 秒	

				2				
		4	3		7	1		
	1				8		6	
	6					3	2	
2				7				6
	5	7					8	
	9		6				1	
		6	2		9	5		
				1				

檢查表

1	2	3
4	5	6
7	8	9

Q109解答

解題方法可參考本書第4-5頁的「高階解題技巧大公開」。

8	4	2	9	1	7	5	6	3
6	3	9	2	5	4	1	8	7
5	7	1	8	3	6	9	2	4
9	2	3	1	8	5	4	7	6
1	6	4	3	7	9	2	5	8
7	5	8	6	4	2	3	1	9
3	1	6	4	2	8	7	9	5
4	8	7	5	9	1	6	3	2
2	9	5	7	6	3	8	4	1

QUESTION
112 高手篇

＊解答請見第119頁。

目標時間：60分00秒
實際時間：　分　秒

		4	9		7	5		
							3	
9				1				4
7			2					6
		8		3		1		
4					1			7
1				7				9
	8							
		2	8		5	7		

檢查表

1	2	3
4	5	6
7	8	9

Q110解答

4	9	3	5	6	7	1	8	2
1	7	8	2	3	4	6	5	9
2	5	6	1	9	8	7	3	4
6	1	7	9	2	3	8	4	5
8	2	5	4	7	6	9	1	3
3	4	9	8	1	5	2	6	7
9	8	4	7	5	1	3	2	6
5	3	2	6	8	9	4	7	1
7	6	1	3	4	2	5	9	8

解題方法可參考本書第4-5頁的「高階解題技巧大公開」。

QUESTION

113 高手篇

*解答請見第120頁。

目標時間：60分00秒
實際時間：　分　秒

					3			2
	6				8	3		
		1				4	9	
			6		2		3	5
				5				
6	1		8		9			
	2	7				8		
		8	7				6	
3			5					

檢查表

1	2	3
4	5	6
7	8	9

Q111解答

解題方法可參考本書第4-5頁的「高階解題技巧大公開」。

9	7	3	1	2	6	8	4	5
6	8	4	3	5	7	1	9	2
5	1	2	4	9	8	7	6	3
8	6	9	5	4	1	3	2	7
2	4	1	8	7	3	9	5	6
3	5	7	9	6	2	4	8	1
7	9	5	6	3	4	2	1	8
1	3	6	2	8	9	5	7	4
4	2	8	7	1	5	6	3	9

QUESTION

114 高手篇

＊解答請見第121頁。

目標時間：60分00秒
實際時間：　分　秒

	4			2				
6	5						9	
		3			1	7		
			3		2	1		
1				8				4
		4	5		9			
		6	9			5		
	3						7	8
				6			1	

檢查表

1	2	3
4	5	6
7	8	9

Q112解答

8	3	4	9	2	7	5	6	1
2	7	1	4	5	6	9	3	8
9	5	6	3	1	8	2	7	4
7	1	3	2	8	9	4	5	6
5	6	8	7	3	4	1	9	2
4	2	9	5	6	1	3	8	7
1	4	5	6	7	3	8	2	9
3	8	7	1	9	2	6	4	5
6	9	2	8	4	5	7	1	3

解題方法可參考本書第4-5頁的「高階解題技巧大公開」。

QUESTION

115 高手篇

*解答請見第122頁。

目標時間：60分00秒	
實際時間：　分　秒	

		7				9		
	9			4			8	
4					8			1
				8		2		
	8		6	3	1		9	
		3		2				
7			5					2
	2			9			1	
		1				4		

檢查表

1	2	3
4	5	6
7	8	9

Q113解答

4	7	9	1	6	3	5	8	2
5	6	2	9	4	8	3	7	1
8	3	1	2	7	5	4	9	6
7	8	4	6	1	2	9	3	5
2	9	3	4	5	7	6	1	8
6	1	5	8	3	9	2	4	7
1	2	7	3	9	6	8	5	4
9	5	8	7	2	4	1	6	3
3	4	6	5	8	1	7	2	9

解題方法可參考本書第4-5頁的「高階解題技巧大公開」。

QUESTION
116 高手篇

＊解答請見第123頁。

目標時間：60分00秒
實際時間：　　分　秒

3				1				4
	8				6		1	
			5		2			
		4				8	7	
1				3				2
	6	2				1		
			1		5			
	2		7				5	
6				8				9

檢查表

1	2	3
4	5	6
7	8	9

Q114解答

7	4	9	8	2	5	3	6	1
6	5	1	4	3	7	8	9	2
2	8	3	6	9	1	7	4	5
8	9	7	3	4	2	1	5	6
1	2	5	7	8	6	9	3	4
3	6	4	5	1	9	2	8	7
4	1	6	9	7	8	5	2	3
9	3	2	1	5	4	6	7	8
5	7	8	2	6	3	4	1	9

解題方法可參考本書第4-5頁的「高階解題技巧大公開」。

QUESTION

117 高手篇

＊解答請見第124頁。

目標時間：60分00秒
實際時間：　分　秒

8								2
		5	3		1			
	1	2				5		
	6			9			1	
			4	6	3			
	4			7			3	
		3				9	5	
			9		2	8		
7								4

檢查表

1	2	3
4	5	6
7	8	9

Q115解答

解題方法可參考本書第4-5頁的「高階解題技巧大公開」。

8	5	7	1	6	3	9	2	4
1	9	6	2	4	7	3	8	5
4	3	2	9	5	8	6	7	1
6	1	5	7	8	9	2	4	3
2	8	4	6	3	1	5	9	7
9	7	3	4	2	5	1	6	8
7	4	9	5	1	6	8	3	2
5	2	8	3	9	4	7	1	6
3	6	1	8	7	2	4	5	9

QUESTION
118 高手篇

*解答請見第125頁。

目標時間：60分00秒
實際時間：　　分　秒

2								4
		3	5	8				
	9			3		7		
	6				9			
	1	5		6		9	7	
			8				2	
		1		5			6	
				2	4	8		
3								1

檢查表

1	2	3
4	5	6
7	8	9

Q116解答

解題方法可參考本書第4-5頁的「高階解題技巧大公開」。

3	9	5	8	1	7	2	6	4
2	8	7	3	4	6	9	1	5
4	1	6	5	9	2	3	8	7
9	3	4	2	5	1	8	7	6
1	7	8	6	3	4	5	9	2
5	6	2	9	7	8	1	4	3
7	4	9	1	2	5	6	3	8
8	2	3	7	6	9	4	5	1
6	5	1	4	8	3	7	2	9

QUESTION
119 高手篇

*解答請見第126頁。

目標時間：60分00秒
實際時間：　分　秒

						5		
	3	8		9		2		
	5				1		7	9
				6		4		
	4		3		5		2	
		2		1				
2	8		4				1	
		4		3		6	5	
		1						

檢查表

1	2	3
4	5	6
7	8	9

Q117解答

解題方法可參考本書第4-5頁的「高階解題技巧大公開」。

8	3	6	7	5	9	1	4	2
4	7	5	3	2	1	6	8	9
9	1	2	6	8	4	5	7	3
3	6	7	2	9	5	4	1	8
2	8	1	4	6	3	7	9	5
5	4	9	1	7	8	2	3	6
6	2	3	8	4	7	9	5	1
1	5	4	9	3	2	8	6	7
7	9	8	5	1	6	3	2	4

QUESTION
120 高手篇

＊解答請見第127頁。

目標時間：60分00秒
實際時間：　　分　秒

		4				5		
	5			2			6	
9					8	7		1
				1		8		
	1		2		4		7	
		6		8				
3		9	1					8
	6			3			2	
		7				1		

檢查表

1	2	3
4	5	6
7	8	9

Q118解答

2	5	7	6	9	1	3	8	4
1	4	3	5	8	7	6	9	2
6	9	8	4	3	2	7	1	5
8	6	2	7	1	9	5	4	3
4	1	5	2	6	3	9	7	8
7	3	9	8	4	5	1	2	6
9	2	1	3	5	8	4	6	7
5	7	6	1	2	4	8	3	9
3	8	4	9	7	6	2	5	1

解題方法可參考本書第4-5頁的「高階解題技巧大公開」。

QUESTION

121 高手篇

＊解答請見第128頁。

目標時間：60分00秒	
實際時間： 分 秒	

						6		
			4		3	2		
		1		5			4	3
	9		1		7		6	
		8				1		
	4		3		2		5	
8	7			6		3		
		3	2		8			
		4						

檢查表

1	2	3
4	5	6
7	8	9

Q119解答

解題方法可參考本書第4-5頁的「高階解題技巧大公開」。

9	2	7	6	4	3	5	8	1
1	3	8	5	9	7	2	6	4
4	5	6	8	2	1	3	7	9
8	1	3	7	6	2	4	9	5
6	4	9	3	8	5	1	2	7
5	7	2	9	1	4	8	3	6
2	8	5	4	7	6	9	1	3
7	9	4	1	3	8	6	5	2
3	6	1	2	5	9	7	4	8

QUESTION

122 高手篇

＊解答請見第129頁。

目標時間：60分00秒
實際時間：　　分　　秒

3								2
		1		9			8	
	6	7	2			1		
		2	9		7			
	5						1	
			4		2	3		
		5			4	8	6	
	1			7		5		
2								4

檢查表

1	2	3
4	5	6
7	8	9

Q120解答

解題方法可參考本書第4-5頁的「高階解題技巧大公開」。

6	7	4	3	9	1	5	8	2
1	5	8	4	2	7	3	6	9
9	3	2	5	6	8	7	4	1
7	2	5	9	1	6	8	3	4
8	1	3	2	5	4	9	7	6
4	9	6	7	8	3	2	1	5
3	4	9	1	7	2	6	5	8
5	6	1	8	3	9	4	2	7
2	8	7	6	4	5	1	9	3

QUESTION

123 高手篇

＊解答請見第130頁。

目標時間：60分00秒
實際時間：　分　秒

		2		4				3
	7						2	
8			7		3			
		6	3		8	5		
5								9
		3	9		1	2		
			2		4			5
	5						1	
1				9		6		

檢查表

1	2	3
4	5	6
7	8	9

Q121解答

4	3	7	8	2	1	6	9	5
5	6	9	4	7	3	2	8	1
2	8	1	9	5	6	7	4	3
3	9	5	1	4	7	8	6	2
7	2	8	6	9	5	1	3	4
1	4	6	3	8	2	9	5	7
8	7	2	5	6	4	3	1	9
9	5	3	2	1	8	4	7	6
6	1	4	7	3	9	5	2	8

解題方法可參考本書第4-5頁的「高階解題技巧大公開」。

QUESTION
124 高手篇

*解答請見第131頁。

目標時間：60分00秒
實際時間：　分　秒

	3						2	
2		6				1		9
	5				1		6	
			7	1		3		
			2		8			
		4		9	5			
	7		8				1	
8		1				9		5
	2						3	

檢查表

1	2	3
4	5	6
7	8	9

Q122解答

解題方法可參考本書第4-5頁的「高階解題技巧大公開」。

3	4	9	1	8	6	7	5	2
5	2	1	7	9	3	4	8	6
8	6	7	2	4	5	1	3	9
1	3	2	9	5	7	6	4	8
9	5	4	6	3	8	2	1	7
6	7	8	4	1	2	3	9	5
7	9	5	3	2	4	8	6	1
4	1	6	8	7	9	5	2	3
2	8	3	5	6	1	9	7	4

QUESTION

125 高手篇

*解答請見第132頁。

目標時間：60分00秒
實際時間：　分　秒

				3				
			9		2	7	8	
		3	8				1	
	4	1	2				7	
9								4
	7				1	6	2	
	6				9	5		
	2	4	1		6			
				7				

檢查表

1	2	3
4	5	6
7	8	9

Q123解答

解題方法可參考本書第4-5頁的「高階解題技巧大公開」。

9	6	2	1	4	5	8	7	3
3	7	5	6	8	9	1	2	4
8	4	1	7	2	3	9	5	6
2	9	6	3	7	8	5	4	1
5	1	7	4	6	2	3	8	9
4	8	3	9	5	1	2	6	7
6	3	8	2	1	4	7	9	5
7	5	9	8	3	6	4	1	2
1	2	4	5	9	7	6	3	8

QUESTION

126 高手篇

＊解答請見第133頁。

目標時間：60分00秒
實際時間：　　分　秒

	9						2	
8		6		7				9
	3		8		4			
		7			2	3		
	8						1	
		4	1			6		
			5		3		4	
9				2		1		5
	1						7	

檢查表

1	2	3
4	5	6
7	8	9

Q124解答

解題方法可參考本書第4-5頁的「高階解題技巧大公開」。

1	3	8	9	6	7	5	2	4
2	4	6	5	8	3	1	7	9
7	5	9	4	2	1	8	6	3
5	8	2	7	1	4	3	9	6
6	9	7	2	3	8	4	5	1
3	1	4	6	9	5	2	8	7
4	7	3	8	5	9	6	1	2
8	6	1	3	7	2	9	4	5
9	2	5	1	4	6	7	3	8

QUESTION

127 高手篇

＊解答請見第134頁。

目標時間：60分00秒
實際時間：　　分　秒

	7			8			1	
4			7					2
		5		1		4		
	5		3					
9		8				3		7
					6		9	
		1		5		8		
2					4			1
	9			2			3	

檢查表

1	2	3
4	5	6
7	8	9

Q125解答

解題方法可參考本書第4-5頁的「高階解題技巧大公開」。

2	1	8	6	3	7	4	9	5
4	5	6	9	1	2	7	8	3
7	9	3	8	4	5	2	1	6
6	4	1	2	5	8	3	7	9
9	8	2	7	6	3	1	5	4
3	7	5	4	9	1	6	2	8
8	6	7	3	2	9	5	4	1
5	2	4	1	8	6	9	3	7
1	3	9	5	7	4	8	6	2

QUESTION

128 高手篇

*解答請見第135頁。

目標時間：60分00秒
實際時間：　分　秒

6								3
	5	4		8			9	
	1			2				
				6	4			
	8	6	7		2	1	4	
			1	3				
				7			1	
	2			9		4	8	
1								2

檢查表

1	2	3
4	5	6
7	8	9

Q126解答

解題方法可參考本書第4-5頁的「高階解題技巧大公開」。

7	9	1	3	5	6	8	2	4
8	4	6	2	7	1	5	3	9
5	3	2	8	9	4	7	6	1
1	5	7	6	4	2	3	9	8
6	8	9	7	3	5	4	1	2
3	2	4	1	8	9	6	5	7
2	7	8	5	1	3	9	4	6
9	6	3	4	2	7	1	8	5
4	1	5	9	6	8	2	7	3

QUESTION

129 高手篇

*解答請見第136頁。

目標時間：60分00秒
實際時間：　分　秒

			1	9	6			
	7			2			4	
					7	5		
7						3		1
4	3						6	2
6		5						9
		6	9					
	5			1			3	
			3	6	8			

檢查表

1	2	3
4	5	6
7	8	9

Q127解答

解題方法可參考本書第4-5頁的「高階解題技巧大公開」。

3	7	2	4	8	5	6	1	9
4	1	9	7	6	3	5	8	2
8	6	5	2	1	9	4	7	3
7	5	6	3	9	2	1	4	8
9	2	8	5	4	1	3	6	7
1	4	3	8	7	6	2	9	5
6	3	1	9	5	7	8	2	4
2	8	7	6	3	4	9	5	1
5	9	4	1	2	8	7	3	6

QUESTION

130 高手篇

*解答請見第137頁。

目標時間：60分00秒	
實際時間： 分 秒	

8							9	1
		4	2					3
	5	7				4		
	4			1	8			
			3		2			
			6	7			2	
		6				2	3	
3					9	6		
1	2							5

檢查表

1	2	3
4	5	6
7	8	9

Q128解答

解題方法可參考本書第4-5頁的「高階解題技巧大公開」。

6	9	2	4	1	7	8	5	3
7	5	4	6	8	3	2	9	1
8	1	3	5	2	9	7	6	4
2	7	1	9	6	4	5	3	8
3	8	6	7	5	2	1	4	9
9	4	5	1	3	8	6	2	7
4	3	8	2	7	6	9	1	5
5	2	7	3	9	1	4	8	6
1	6	9	8	4	5	3	7	2

QUESTION
131 高手篇

＊解答請見第138頁。

目標時間：60分00秒
實際時間：　分　秒

					4			8
	6					3	9	
		5		1			2	
				8	3			4
		8	1		9	7		
1			4	2				
	1			7		2		
	7	6					1	
2			3					

檢查表

1	2	3
4	5	6
7	8	9

Q129解答

解題方法可參考本書第4-5頁的「高階解題技巧大公開」。

5	4	3	1	9	6	8	2	7
8	7	9	5	2	3	1	4	6
1	6	2	4	8	7	5	9	3
7	9	8	6	4	2	3	5	1
4	3	1	8	5	9	7	6	2
6	2	5	7	3	1	4	8	9
3	8	6	9	7	5	2	1	4
9	5	7	2	1	4	6	3	8
2	1	4	3	6	8	9	7	5

QUESTION
132 高手篇

*解答請見第139頁。

目標時間：60分00秒
實際時間：　　分　秒

		2		4				
	8						1	
5		9			7	4		
				6	1	3		
2			3		9			8
		7	8	2				
		5	2			9		7
	1						5	
				3		1		

檢查表

1	2	3
4	5	6
7	8	9

Q130解答

解題方法可參考本書第4-5頁的「高階解題技巧大公開」。

8	3	2	5	4	6	7	9	1
6	1	4	2	9	7	8	5	3
9	5	7	8	3	1	4	6	2
2	4	3	9	1	8	5	7	6
7	6	9	3	5	2	1	8	4
5	8	1	6	7	4	3	2	9
4	9	6	1	8	5	2	3	7
3	7	5	4	2	9	6	1	8
1	2	8	7	6	3	9	4	5

QUESTION

133 高手篇

*解答請見第140頁。

目標時間：60分00秒	
實際時間： 分 秒	

			1					
	6	4				8	2	
	2	1				9	3	
3			5	8				
			3		6			
				1	9			8
	5	8				4	9	
	4	9				1	6	
					2			

檢查表

1	2	3
4	5	6
7	8	9

Q131解答

解題方法可參考本書第4-5頁的「高階解題技巧大公開」。

7	9	1	2	3	4	5	6	8
4	6	2	8	5	7	3	9	1
3	8	5	9	1	6	4	2	7
6	2	9	7	8	3	1	5	4
5	4	8	1	6	9	7	3	2
1	3	7	4	2	5	6	8	9
9	1	3	6	7	8	2	4	5
8	7	6	5	4	2	9	1	3
2	5	4	3	9	1	8	7	6

QUESTION
134 高手篇

＊解答請見第141頁。

目標時間：60分00秒
實際時間：　　分　　秒

		5						
			5		2	9		
4				8		2	3	
	6		9		3		1	
		1				5		
	5		2		8		4	
	1	9		4				6
		2	3		1			
						7		

檢查表

1	2	3
4	5	6
7	8	9

Q132解答

1	7	2	9	4	3	8	6	5
3	8	4	6	5	2	7	1	9
5	6	9	1	8	7	4	2	3
4	9	8	5	6	1	3	7	2
2	5	1	3	7	9	6	4	8
6	3	7	8	2	4	5	9	1
8	4	5	2	1	6	9	3	7
7	1	3	4	9	8	2	5	6
9	2	6	7	3	5	1	8	4

解題方法可參考本書第4-5頁的「高階解題技巧大公開」。

QUESTION

135 高手篇

*解答請見第142頁。

目標時間：60分00秒
實際時間：　　分　　秒

		3						9
	8		6				1	
1				8	2			
	6		5		7	9		
		1				6		
		5	1		8		2	
			7	4				8
	3				1		6	
2						1		

檢查表

1	2	3
4	5	6
7	8	9

Q133解答

9	3	7	1	2	8	5	4	6
5	6	4	9	7	3	8	2	1
8	2	1	6	5	4	9	3	7
3	9	2	5	8	7	6	1	4
1	8	5	3	4	6	2	7	9
4	7	6	2	1	9	3	5	8
2	5	8	7	6	1	4	9	3
7	4	9	8	3	5	1	6	2
6	1	3	4	9	2	7	8	5

解題方法可參考本書第4-5頁的「高階解題技巧大公開」。

QUESTION

136 高手篇

＊解答請見第143頁。

目標時間：60分00秒
實際時間：　　分　　秒

3	5			4				9
6						5	2	
		4	1				6	
		2			3			
9								5
			9			1		
	2				7	6		
	3	9						1
8				5			4	3

檢查表

1	2	3
4	5	6
7	8	9

Q134解答

3	2	5	4	9	6	1	7	8
1	7	8	5	3	2	9	6	4
4	9	6	1	8	7	2	3	5
2	6	4	9	5	3	8	1	7
8	3	1	7	6	4	5	9	2
9	5	7	2	1	8	6	4	3
7	1	9	8	4	5	3	2	6
6	8	2	3	7	1	4	5	9
5	4	3	6	2	9	7	8	1

解題方法可參考本書第4-5頁的「高階解題技巧大公開」。

QUESTION

137 高手篇

＊解答請見第144頁。

目標時間：60分00秒
實際時間：　分　秒

				8				
			6		2	5	3	
		1		9			4	
	3				5		1	
2		9				4		3
	5		2				6	
	1			4		2		
	9	7	3		1			
				5				

檢查表

1	2	3
4	5	6
7	8	9

Q135解答

解題方法可參考本書第4-5頁的「高階解題技巧大公開」。

6	2	3	4	1	5	8	7	9
9	8	4	6	7	3	5	1	2
1	5	7	9	8	2	3	4	6
4	6	2	5	3	7	9	8	1
8	7	1	2	9	4	6	5	3
3	9	5	1	6	8	7	2	4
5	1	6	7	4	9	2	3	8
7	3	9	8	2	1	4	6	5
2	4	8	3	5	6	1	9	7

QUESTION

138 高手篇

*解答請見第145頁。

目標時間：60分00秒
實際時間：　　分　秒

	6	1		2			5	
	5		3	9	6			
		4			2	1		
	1	6				5	4	
		9	5			3		
			9	1	7		8	
	4			5		9	2	

檢查表

1	2	3
4	5	6
7	8	9

Q136解答

解題方法可參考本書第4-5頁的「高階解題技巧大公開」。

3	5	7	6	4	2	8	1	9
6	9	1	7	3	8	5	2	4
2	8	4	1	9	5	3	6	7
1	4	2	5	7	3	9	8	6
9	6	3	8	2	1	4	7	5
5	7	8	9	6	4	1	3	2
4	2	5	3	1	7	6	9	8
7	3	9	4	8	6	2	5	1
8	1	6	2	5	9	7	4	3

QUESTION
139 高手篇

＊解答請見第146頁。

目標時間：60分00秒
實際時間：　分　秒

			3		4		8	
	2			8			6	7
						4		
1				6				5
	7		8		1		2	
2				4				8
		7						
5	8			7			1	
	1		2		9			

檢查表

1	2	3
4	5	6
7	8	9

Q137解答

解題方法可參考本書第4-5頁的「高階解題技巧大公開」。

3	6	5	7	8	4	1	2	9
9	4	8	6	1	2	5	3	7
7	2	1	5	9	3	8	4	6
8	3	6	4	7	5	9	1	2
2	7	9	1	6	8	4	5	3
1	5	4	2	3	9	7	6	8
6	1	3	8	4	7	2	9	5
5	9	7	3	2	1	6	8	4
4	8	2	9	5	6	3	7	1

QUESTION

140 高手篇

*解答請見第147頁。

目標時間：60分00秒	
實際時間：　分　秒	

4								2
	8	1				7	3	
	2			9			6	
				5	6			
		5	9		2	3		
			1	8				
	9			1			8	
	6	3				1	2	
2								4

檢查表

1	2	3
4	5	6
7	8	9

Q138解答

解題方法可參考本書第4-5頁的「高階解題技巧大公開」。

4	9	2	1	7	5	8	6	3
3	6	1	4	2	8	7	5	9
8	5	7	3	9	6	2	1	4
5	3	4	7	6	2	1	9	8
7	1	6	8	3	9	5	4	2
2	8	9	5	4	1	3	7	6
6	2	3	9	1	7	4	8	5
1	4	8	6	5	3	9	2	7
9	7	5	2	8	4	6	3	1

QUESTION

141 高手篇

＊解答請見第148頁。

目標時間：60分00秒

實際時間：　分　秒

		1				2		
	5			2			3	
9		8				6		1
				8	7			
	1		9		6		4	
			4	5				
2		4				3		7
	3			9			1	
		7				9		

檢查表

1	2	3
4	5	6
7	8	9

Q139解答

解題方法可參考本書第4-5頁的「高階解題技巧大公開」。

7	5	6	3	9	4	2	8	1
4	2	9	1	8	5	3	6	7
8	3	1	7	2	6	4	5	9
1	4	8	9	6	2	7	3	5
9	7	5	8	3	1	6	2	4
2	6	3	5	4	7	1	9	8
3	9	7	6	1	8	5	4	2
5	8	2	4	7	3	9	1	6
6	1	4	2	5	9	8	7	3

QUESTION
142 高手篇

*解答請見第149頁。

目標時間：60分00秒
實際時間：　分　秒

3				7				5
		7				1		
	8		4		1		3	
		6	3			5		
4				9				3
		1			2	7		
	7		8		5		6	
		8				4		
1				6				9

檢查表

1	2	3
4	5	6
7	8	9

Q140解答

4	5	6	7	3	1	8	9	2
9	8	1	6	2	4	7	3	5
3	2	7	5	9	8	4	6	1
1	3	9	4	5	6	2	7	8
8	4	5	9	7	2	3	1	6
6	7	2	1	8	3	5	4	9
7	9	4	2	1	5	6	8	3
5	6	3	8	4	9	1	2	7
2	1	8	3	6	7	9	5	4

解題方法可參考本書第4-5頁的「高階解題技巧大公開」。

QUESTION

143 高手篇

*解答請見第150頁。

目標時間：60分00秒
實際時間：　分　秒

					3			
	2			7			3	
		5	9	1	6			
		6				3		2
	5	3		9		1	8	
1		2				7		
			3	6	1	8		
	4			5			1	
			2					

檢查表

1	2	3
4	5	6
7	8	9

Q141解答

解題方法可參考本書第4-5頁的「高階解題技巧大公開」。

3	4	1	6	7	9	2	8	5
7	5	6	8	2	1	4	3	9
9	2	8	3	4	5	6	7	1
4	6	9	1	8	7	5	2	3
5	1	2	9	3	6	7	4	8
8	7	3	4	5	2	1	9	6
2	9	4	5	1	8	3	6	7
6	3	5	7	9	4	8	1	2
1	8	7	2	6	3	9	5	4

QUESTION
144 高手篇

＊解答請見第151頁。

目標時間：60分00秒
實際時間：　　分　秒

	8						5	
6	1			2			3	4
		3			1	2		
					3	7		
	4			5			1	
		1	4					
		9	2			5		
8	5			3			6	1
	6						9	

檢查表

1	2	3
4	5	6
7	8	9

Q142解答

解題方法可參考本書第4-5頁的「高階解題技巧大公開」。

3	1	4	9	7	6	2	8	5
9	2	7	5	8	3	1	4	6
6	8	5	4	2	1	9	3	7
7	9	6	3	1	4	5	2	8
4	5	2	7	9	8	6	1	3
8	3	1	6	5	2	7	9	4
2	7	9	8	4	5	3	6	1
5	6	8	1	3	9	4	7	2
1	4	3	2	6	7	8	5	9

QUESTION

145 高手篇

＊解答請見第152頁。

目標時間：60分00秒	
實際時間： 分 秒	

		1	5		2	3		
				6				
5					9	8		2
8						6		7
	1			4			5	
2		5						1
9		4	6					5
				5				
		6	7		8	1		

檢查表

1	2	3
4	5	6
7	8	9

Q143解答

解題方法可參考本書第4-5頁的「高階解題技巧大公開」。

6	1	7	4	2	3	5	9	8
9	2	4	8	7	5	6	3	1
8	3	5	9	1	6	4	2	7
4	9	6	1	8	7	3	5	2
7	5	3	6	9	2	1	8	4
1	8	2	5	3	4	7	6	9
2	7	9	3	6	1	8	4	5
3	4	8	7	5	9	2	1	6
5	6	1	2	4	8	9	7	3

QUESTION

146 高手篇

＊解答請見第153頁。

目標時間：60分00秒
實際時間：　分　秒

6		8		7				
	7						4	
9		5	3			2		
		1	6		7			
5				9				3
			8		2	7		
		4			8	9		7
	1						3	
				4		5		2

檢查表

1	2	3
4	5	6
7	8	9

Q144解答

解題方法可參考本書第4-5頁的「高階解題技巧大公開」。

2	8	4	3	9	6	1	5	7
6	1	5	8	2	7	9	3	4
9	7	3	5	4	1	2	8	6
5	2	8	6	1	3	7	4	9
7	4	6	9	5	2	8	1	3
3	9	1	4	7	8	6	2	5
1	3	9	2	6	4	5	7	8
8	5	2	7	3	9	4	6	1
4	6	7	1	8	5	3	9	2

QUESTION

147 高手篇

＊解答請見第154頁。

目標時間：60分00秒
實際時間：　分　秒

	3						9	1
8					2	7		5
		9				6	4	
				5			8	
			9	8	4			
	1			2				
	7	2				9		
3		1	6					7
5	9						1	

檢查表

1	2	3
4	5	6
7	8	9

Q145解答

解題方法可參考本書第4-5頁的「高階解題技巧大公開」。

7	9	1	5	8	2	3	4	6
4	8	2	3	6	7	5	1	9
5	6	3	4	1	9	8	7	2
8	4	9	1	2	5	6	3	7
6	1	7	9	4	3	2	5	8
2	3	5	8	7	6	4	9	1
9	2	4	6	3	1	7	8	5
1	7	8	2	5	4	9	6	3
3	5	6	7	9	8	1	2	4

QUESTION
148 高手篇

*解答請見第155頁。

目標時間：60分00秒
實際時間：　分　秒

	3							
2			6		1			
		1	5	2	9			
	2	5				3	8	
		4		1		2		
	7	9				6	5	
			4	6	2	5		
			7		3			6
							4	

檢查表

1	2	3
4	5	6
7	8	9

Q146解答

解題方法可參考本書第4-5頁的「高階解題技巧大公開」。

6	3	8	2	7	4	1	5	9
1	7	2	5	8	9	3	4	6
9	4	5	3	1	6	2	7	8
8	9	1	6	3	7	4	2	5
5	2	7	4	9	1	6	8	3
4	6	3	8	5	2	7	9	1
3	5	4	1	2	8	9	6	7
2	1	9	7	6	5	8	3	4
7	8	6	9	4	3	5	1	2

QUESTION
149 高手篇

＊解答請見第156頁。

目標時間：60分00秒
實際時間：　　分　　秒

			3					
	6		7	1	9	2		
						7	5	
4	2		5				3	
	1			4			6	
	8				1		2	7
	5	1						
		4	2	8	6		9	
					5			

檢查表

1	2	3
4	5	6
7	8	9

Q147解答

解題方法可參考本書第4-5頁的「高階解題技巧大公開」。

2	3	7	4	6	5	8	9	1
8	6	4	1	9	2	7	3	5
1	5	9	8	3	7	6	4	2
9	4	3	7	5	1	2	8	6
6	2	5	9	8	4	1	7	3
7	1	8	3	2	6	4	5	9
4	7	2	5	1	3	9	6	8
3	8	1	6	4	9	5	2	7
5	9	6	2	7	8	3	1	4

QUESTION

150 高手篇

＊解答請見第157頁。

目標時間：60分00秒	
實際時間：　分　秒	

6								8
			2		6		4	
		4		1		9		
	4		3		1		7	
		3		4		5		
	5		8		9		1	
		8		2		6		
	1		6		5			
7								3

檢查表

1	2	3
4	5	6
7	8	9

Q148解答

5	3	6	8	4	7	1	2	9
2	9	8	6	3	1	4	7	5
7	4	1	5	2	9	8	6	3
1	2	5	9	7	6	3	8	4
8	6	4	3	1	5	2	9	7
3	7	9	2	8	4	6	5	1
9	1	7	4	6	2	5	3	8
4	8	2	7	5	3	9	1	6
6	5	3	1	9	8	7	4	2

解題方法可參考本書第4-5頁的「高階解題技巧大公開」。

QUESTION
151 高手篇

*解答請見第158頁。

目標時間：60分00秒
實際時間：　分　秒

				3				2
	6	9					7	
	5	7			2	1		
			2		1	8		
1				7				9
		8	6		3			
		3	1			9	2	
	1					6	5	
6				4				

檢查表

1	2	3
4	5	6
7	8	9

Q149解答

9	7	2	3	5	4	8	1	6
5	6	8	7	1	9	2	4	3
1	4	3	6	2	8	7	5	9
4	2	9	5	6	7	1	3	8
3	1	7	8	4	2	9	6	5
6	8	5	9	3	1	4	2	7
8	5	1	4	9	3	6	7	2
7	3	4	2	8	6	5	9	1
2	9	6	1	7	5	3	8	4

解題方法可參考本書第4-5頁的「高階解題技巧大公開」。

QUESTION

152 高手篇

＊解答請見第159頁。

目標時間：60分00秒
實際時間：　分　秒

	6						1	
8			6	4				7
		7	2			8		
	1	4	3					
	5			1			2	
					2	5	4	
		9			7	3		
3				9	4			2
	2						5	

檢查表

1	2	3
4	5	6
7	8	9

Q150解答

6	2	5	9	7	4	1	3	8
3	9	1	2	8	6	7	4	5
8	7	4	5	1	3	9	2	6
9	4	6	3	5	1	8	7	2
1	8	3	7	4	2	5	6	9
2	5	7	8	6	9	3	1	4
5	3	8	4	2	7	6	9	1
4	1	9	6	3	5	2	8	7
7	6	2	1	9	8	4	5	3

解題方法可參考本書第4-5頁的「高階解題技巧大公開」。

QUESTION

153 高手篇

＊解答請見第160頁。

目標時間：60分00秒
實際時間：　分　秒

4				3				2
		9			7	3		
	2		8				6	
		5			8		4	
3				9				8
	6		1			2		
	3				6		7	
		2	4			1		
8				7				5

檢查表

1	2	3
4	5	6
7	8	9

Q151解答

解題方法可參考本書第4-5頁的「高階解題技巧大公開」。

8	4	1	7	3	6	5	9	2
2	6	9	5	1	4	3	7	8
3	5	7	9	8	2	1	4	6
4	7	6	2	9	1	8	3	5
1	3	5	4	7	8	2	6	9
9	2	8	6	5	3	4	1	7
5	8	3	1	6	7	9	2	4
7	1	4	8	2	9	6	5	3
6	9	2	3	4	5	7	8	1

QUESTION

154 高手篇

＊解答請見第161頁。

目標時間：60分00秒
實際時間：　分　秒

5								
	8		1		2		3	
		3		6		1		
	5			7			1	
		2	5	9	6	3		
	9			8			2	
		9		1		7		
	4		9		3		6	
								8

檢查表

1	2	3
4	5	6
7	8	9

Q152解答

4	6	2	7	3	8	9	1	5
8	9	5	6	4	1	2	3	7
1	3	7	2	5	9	8	6	4
2	1	4	3	7	5	6	9	8
9	5	8	4	1	6	7	2	3
6	7	3	9	8	2	5	4	1
5	4	9	1	2	7	3	8	6
3	8	6	5	9	4	1	7	2
7	2	1	8	6	3	4	5	9

解題方法可參考本書第4-5頁的「高階解題技巧大公開」。

QUESTION
155 高手篇

＊解答請見第162頁。

目標時間：60分00秒	
實際時間： 分 秒	

				7				
	4			2			1	
		3	9		5	2		
		2	3			8		
4	7			9			3	5
		5			1	4		
		7	5		6	1		
	2			1			8	
				8				

檢查表

1	2	3
4	5	6
7	8	9

Q153解答

解題方法可參考本書第4-5頁的「高階解題技巧大公開」。

4	5	7	6	3	1	9	8	2
6	8	9	5	2	7	3	1	4
1	2	3	8	4	9	5	6	7
2	9	5	3	6	8	7	4	1
3	4	1	7	9	2	6	5	8
7	6	8	1	5	4	2	9	3
5	3	4	2	1	6	8	7	9
9	7	2	4	8	5	1	3	6
8	1	6	9	7	3	4	2	5

QUESTION

156 高手篇

*解答請見第163頁。

目標時間：60分00秒
實際時間：　　分　　秒

			1		7			
	2	6		9				
	7	1	4			9		
5		8						2
	3			4			9	
1						8		7
		4			8	7	3	
				5		6	8	
			6		3			

檢查表

1	2	3
4	5	6
7	8	9

Q154解答

5	2	1	7	3	9	4	8	6
6	8	4	1	5	2	9	3	7
9	7	3	4	6	8	1	5	2
3	5	6	2	7	4	8	1	9
8	1	2	5	9	6	3	7	4
4	9	7	3	8	1	6	2	5
2	6	9	8	1	5	7	4	3
7	4	8	9	2	3	5	6	1
1	3	5	6	4	7	2	9	8

解題方法可參考本書第4-5頁的「高階解題技巧大公開」。

QUESTION
157 專家篇

＊解答請見第164頁。

目標時間：90分00秒
實際時間：　分　秒

				2				
	3		1			2	7	
		7	3			9	8	
	6	3						
5				9				4
						3	5	
	7	6			5	1		
	2	1			6		3	
				8				

檢查表

1	2	3
4	5	6
7	8	9

Q155解答

2	6	8	1	7	3	9	5	4
5	4	9	6	2	8	7	1	3
7	1	3	9	4	5	2	6	8
6	9	2	3	5	4	8	7	1
4	7	1	8	9	2	6	3	5
8	3	5	7	6	1	4	2	9
9	8	7	5	3	6	1	4	2
3	2	6	4	1	9	5	8	7
1	5	4	2	8	7	3	9	6

解題方法可參考本書第4-5頁的「高階解題技巧大公開」。

QUESTION
158 專家篇

*解答請見第165頁。

目標時間：90分00秒
實際時間：　　分　秒

	3							
2				5	8	7		
			1		2		6	
		4				8	1	
	8			4			5	
	1	3				9		
	6		3		7			
		9	6	1				5
							4	

檢查表

1	2	3
4	5	6
7	8	9

Q156解答

解題方法可參考本書第4-5頁的「高階解題技巧大公開」。

3	5	9	1	8	7	4	2	6
4	2	6	3	9	5	1	7	8
8	7	1	4	2	6	9	5	3
5	9	8	7	6	1	3	4	2
6	3	7	8	4	2	5	9	1
1	4	2	5	3	9	8	6	7
2	6	4	9	1	8	7	3	5
7	1	3	2	5	4	6	8	9
9	8	5	6	7	3	2	1	4

QUESTION

159 專家篇

*解答請見第166頁。

目標時間：90分00秒
實際時間：　　分　秒

								2
	5	6		8				
	9	1	3		2			
		8	4			1		
	3			2			5	
		2			7	9		
			6		8	3	7	
				5		8	4	
1								

檢查表

1	2	3
4	5	6
7	8	9

Q157解答

解題方法可參考本書第4-5頁的「高階解題技巧大公開」。

6	1	9	8	2	7	5	4	3
4	3	8	1	5	9	2	7	6
2	5	7	3	6	4	9	8	1
1	6	3	5	4	2	8	9	7
5	8	2	7	9	3	6	1	4
7	9	4	6	1	8	3	5	2
9	7	6	4	3	5	1	2	8
8	2	1	9	7	6	4	3	5
3	4	5	2	8	1	7	6	9

QUESTION

160 專家篇

*解答請見第167頁。

目標時間：90分00秒
實際時間：　　分　　秒

				1				
	9		2				6	
		5	3		4	1		
	1	2				3		
7				6				5
		9				2	1	
		1	4		6	9		
	8				3		2	
				5				

檢查表

1	2	3
4	5	6
7	8	9

Q158解答

1	3	8	4	7	6	5	9	2
2	4	6	9	5	8	7	3	1
5	9	7	1	3	2	4	6	8
6	5	4	2	9	3	8	1	7
9	8	2	7	4	1	6	5	3
7	1	3	8	6	5	9	2	4
4	6	5	3	2	7	1	8	9
8	2	9	6	1	4	3	7	5
3	7	1	5	8	9	2	4	6

解題方法可參考本書第4-5頁的「高階解題技巧大公開」。

QUESTION

161 專家篇

*解答請見第168頁。

目標時間：90分00秒
實際時間：　分　秒

1				4				7
	9		5		6			
		7				6		
	6				9		1	
4				1				2
	8		4				7	
		2				3		
			2		5		4	
5				3				1

檢查表

1	2	3
4	5	6
7	8	9

Q159解答

解題方法可參考本書第4-5頁的「高階解題技巧大公開」。

8	4	3	9	7	5	6	1	2
2	5	6	1	8	4	7	3	9
7	9	1	3	6	2	5	8	4
5	7	8	4	9	6	1	2	3
6	3	9	8	2	1	4	5	7
4	1	2	5	3	7	9	6	8
9	2	4	6	1	8	3	7	5
3	6	7	2	5	9	8	4	1
1	8	5	7	4	3	2	9	6

QUESTION
162 專家篇

＊解答請見第169頁。

目標時間：90分00秒

實際時間：　分　秒

								2
		7	3		2	9		
	4			1			6	
	8		1				3	
		2		8		1		
	3				7		5	
	7			4			1	
		3	9		8	6		
5								

檢查表

1	2	3
4	5	6
7	8	9

Q160解答

2	4	7	6	1	5	8	3	9
1	9	3	2	8	7	5	6	4
8	6	5	3	9	4	1	7	2
6	1	2	5	4	9	3	8	7
7	3	8	1	6	2	4	9	5
4	5	9	7	3	8	2	1	6
3	7	1	4	2	6	9	5	8
5	8	4	9	7	3	6	2	1
9	2	6	8	5	1	7	4	3

解題方法可參考本書第4-5頁的「高階解題技巧大公開」。

QUESTION

163 專家篇

＊解答請見第170頁。

目標時間：90分00秒
實際時間：　　分　秒

								9
			2		1	8		
		2		9			7	
	8			5			1	
		1	8	6	9	4		
	4			2			3	
	5			1		6		
		7	5		3			
3								

檢查表

1	2	3
4	5	6
7	8	9

Q161解答

解題方法可參考本書第4-5頁的「高階解題技巧大公開」。

1	2	6	3	4	8	5	9	7
3	9	4	5	7	6	1	2	8
8	5	7	1	9	2	6	3	4
7	6	5	8	2	9	4	1	3
4	3	9	6	1	7	8	5	2
2	8	1	4	5	3	9	7	6
9	4	2	7	6	1	3	8	5
6	1	3	2	8	5	7	4	9
5	7	8	9	3	4	2	6	1

QUESTION
164 專家篇
＊解答請見第171頁。

目標時間：90分00秒
實際時間： 分 秒

		4				9		
			5		7			
5				3		4		1
	2				6		8	
		6		9		3		
	3		1				2	
6		7		1				2
			7		4			
		3				8		

檢查表

1	2	3
4	5	6
7	8	9

Q162解答

解題方法可參考本書第4-5頁的「高階解題技巧大公開」。

3	6	1	4	7	9	5	8	2
8	5	7	3	6	2	9	4	1
2	4	9	8	1	5	7	6	3
7	8	5	1	9	4	2	3	6
6	9	2	5	8	3	1	7	4
1	3	4	6	2	7	8	5	9
9	7	8	2	4	6	3	1	5
4	1	3	9	5	8	6	2	7
5	2	6	7	3	1	4	9	8

QUESTION
165 專家篇
＊解答請見第172頁。

目標時間：	90分00秒
實際時間：	分　秒

			4		6			
		6		5		2		
	3				2		5	
4						6		7
	9			6			2	
5		8						1
	7		9				1	
		9		4		7		
			1		5			

檢查表

1	2	3
4	5	6
7	8	9

Q163解答

解題方法可參考本書第4-5頁的「高階解題技巧大公開」。

1	7	5	6	3	8	2	4	9
4	9	3	2	7	1	8	6	5
8	6	2	4	9	5	3	7	1
2	8	9	3	5	4	7	1	6
7	3	1	8	6	9	4	5	2
5	4	6	1	2	7	9	3	8
9	5	4	7	1	2	6	8	3
6	2	7	5	8	3	1	9	4
3	1	8	9	4	6	5	2	7

QUESTION

166 專家篇

＊解答請見第173頁。

目標時間：	90分00秒
實際時間：	分　秒

		1				9		
	4			2			7	
3					7			5
			1		3	5		
	6			7			1	
		3	9		8			
1			4					8
	9			1			3	
		7				2		

檢查表

1	2	3
4	5	6
7	8	9

Q164解答

解題方法可參考本書第4-5頁的「高階解題技巧大公開」。

7	6	4	2	8	1	9	5	3
3	9	1	5	4	7	2	6	8
5	8	2	6	3	9	4	7	1
1	2	9	3	5	6	7	8	4
8	7	6	4	9	2	3	1	5
4	3	5	1	7	8	6	2	9
6	4	7	8	1	3	5	9	2
9	5	8	7	2	4	1	3	6
2	1	3	9	6	5	8	4	7

QUESTION
167 專家篇

＊解答請見第174頁。

目標時間：90分00秒
實際時間：　分　秒

								9
			7	2	6	8		
			5				6	
	4	5	3				2	
	7			1			8	
	1				8	4	5	
	5				1			
		1	9	3	4			
3								

檢查表

1	2	3
4	5	6
7	8	9

Q165解答

解題方法可參考本書第4-5頁的「高階解題技巧大公開」。

8	5	2	4	3	6	1	7	9
1	4	6	7	5	9	2	8	3
9	3	7	8	1	2	4	5	6
4	2	3	5	8	1	6	9	7
7	9	1	3	6	4	5	2	8
5	6	8	2	9	7	3	4	1
6	7	5	9	2	3	8	1	4
2	1	9	6	4	8	7	3	5
3	8	4	1	7	5	9	6	2

QUESTION

168 專家篇

＊解答請見第175頁。

目標時間：90分00秒

實際時間：　分　秒

				7	3			
	6					4	2	
		4	2				5	
		6	7					5
8				5				2
2					1	3		
	9				2	1		
	8	3					9	
			8	1				

檢查表

1	2	3
4	5	6
7	8	9

Q166解答

7	5	1	3	8	4	9	6	2
6	4	9	5	2	1	8	7	3
3	8	2	6	9	7	1	4	5
2	7	4	1	6	3	5	8	9
9	6	8	2	7	5	3	1	4
5	1	3	9	4	8	6	2	7
1	2	6	4	3	9	7	5	8
8	9	5	7	1	2	4	3	6
4	3	7	8	5	6	2	9	1

解題方法可參考本書第4-5頁的「高階解題技巧大公開」。

QUESTION

169 專家篇

＊解答請見第176頁。

目標時間：90分00秒	
實際時間：　分　秒	

								4
	9	6	1				7	
	1	5		2		6		
	4		7					
		7		6		2		
					3		5	
		9		4		1	6	
	6				1	3	2	
3								

檢查表

1	2	3
4	5	6
7	8	9

Q167解答

解題方法可參考本書第4-5頁的「高階解題技巧大公開」。

7	2	6	1	8	3	5	4	9
5	9	4	7	2	6	8	1	3
1	3	8	5	4	9	7	6	2
8	4	5	3	6	7	9	2	1
9	7	2	4	1	5	3	8	6
6	1	3	2	9	8	4	5	7
4	5	9	6	7	1	2	3	8
2	8	1	9	3	4	6	7	5
3	6	7	8	5	2	1	9	4

QUESTION

170 專家篇

＊解答請見第177頁。

目標時間：90分00秒
實際時間：　分　秒

	4						2	
9			1				3	6
		6				9		
	9		2	4				
			7	5	9			
				3	6		5	
		7				2		
1	5				4			8
	3						7	

檢查表

1	2	3
4	5	6
7	8	9

Q168解答

5	2	1	4	7	3	8	6	9
7	6	8	1	9	5	4	2	3
9	3	4	2	8	6	7	5	1
3	4	6	7	2	8	9	1	5
8	1	9	3	5	4	6	7	2
2	5	7	9	6	1	3	4	8
4	9	5	6	3	2	1	8	7
1	8	3	5	4	7	2	9	6
6	7	2	8	1	9	5	3	4

解題方法可參考本書第4-5頁的「高階解題技巧大公開」。

QUESTION

171 專家篇

＊解答請見第178頁。

目標時間：90分00秒
實際時間：　分　秒

	5	1				9	6	
	9			5	2		7	
			6		7	5		
		8		1		4		
		6	3		8			
	3		1	2			9	
	4	9				8	5	

檢查表

1	2	3
4	5	6
7	8	9

Q169解答

解題方法可參考本書第4-5頁的「高階解題技巧大公開」。

2	3	8	6	7	9	5	1	4
4	9	6	1	3	5	8	7	2
7	1	5	8	2	4	6	3	9
6	4	3	7	5	2	9	8	1
1	5	7	9	6	8	2	4	3
9	8	2	4	1	3	7	5	6
5	2	9	3	4	7	1	6	8
8	6	4	5	9	1	3	2	7
3	7	1	2	8	6	4	9	5

QUESTION
172 專家篇

*解答請見第179頁。

目標時間：90分00秒
實際時間：　　分　　秒

			5		6			
	9	4				3		
	7		4				1	
7		8			4			5
				2				
1			6			7		2
	1				2		4	
		5				2	7	
			1		3			

檢查表

1	2	3
4	5	6
7	8	9

Q170解答

解題方法可參考本書第4-5頁的「高階解題技巧大公開」。

3	4	8	9	6	5	7	2	1
9	2	5	1	8	7	4	3	6
7	1	6	4	2	3	9	8	5
5	9	3	2	4	1	8	6	7
6	8	1	7	5	9	3	4	2
2	7	4	8	3	6	1	5	9
4	6	7	5	9	8	2	1	3
1	5	2	3	7	4	6	9	8
8	3	9	6	1	2	5	7	4

QUESTION

173 專家篇

＊解答請見第180頁。

目標時間：90分00秒
實際時間：　分　秒

		5		4		8		
					3		5	
6						2		4
			9		4		3	
2				6				9
	5		2		1			
8		2						1
	1		8					
		7		2		9		

檢查表

1	2	3
4	5	6
7	8	9

Q171解答

3	8	7	9	6	1	2	4	5
2	5	1	4	7	3	9	6	8
6	9	4	8	5	2	1	7	3
4	2	3	6	9	7	5	8	1
9	7	8	2	1	5	4	3	6
5	1	6	3	4	8	7	2	9
8	3	5	1	2	4	6	9	7
1	4	9	7	3	6	8	5	2
7	6	2	5	8	9	3	1	4

解題方法可參考本書第4-5頁的「高階解題技巧大公開」。

QUESTION

174 專家篇

*解答請見第181頁。

目標時間：90分00秒
實際時間：　　分　　秒

		4		1		2		
	6						9	
2					3			4
				8		3		
5			6	2	1			7
		6		9				
4			8					5
	2						3	
		1		7		9		

檢查表

1	2	3
4	5	6
7	8	9

Q172解答

解題方法可參考本書第4-5頁的「高階解題技巧大公開」。

3	8	1	5	7	6	4	2	9
6	9	4	2	8	1	3	5	7
5	7	2	4	3	9	8	1	6
7	2	8	3	1	4	9	6	5
9	5	6	8	2	7	1	3	4
1	4	3	6	9	5	7	8	2
8	1	9	7	5	2	6	4	3
4	3	5	9	6	8	2	7	1
2	6	7	1	4	3	5	9	8

QUESTION

175 專家篇

＊解答請見第182頁。

目標時間：90分00秒
實際時間：　　分　　秒

								6
		3	2		8			
	7	4		3				
	9			1			4	
		6	5	4	3	8		
	8			9			5	
				8		5	1	
			7		1	9		
5								

檢查表

1	2	3
4	5	6
7	8	9

Q173解答

解題方法可參考本書第4-5頁的「高階解題技巧大公開」。

1	7	5	6	4	2	8	9	3
4	2	8	7	9	3	1	5	6
6	3	9	5	1	8	2	7	4
7	6	1	9	8	4	5	3	2
2	8	4	3	6	5	7	1	9
9	5	3	2	7	1	6	4	8
8	9	2	4	5	7	3	6	1
5	1	6	8	3	9	4	2	7
3	4	7	1	2	6	9	8	5

QUESTION

176 專家篇

*解答請見第183頁。

目標時間：90分00秒
實際時間：　分　秒

		2		5				
	4					1	5	
3					7	2	4	
			4			6		
2				8				9
		1			5			
	9	3	8					7
	1	6					2	
				7		3		

檢查表

1	2	3
4	5	6
7	8	9

Q174解答

解題方法可參考本書第4-5頁的「高階解題技巧大公開」。

9	3	4	7	1	8	2	5	6
1	6	7	2	5	4	8	9	3
2	5	8	9	6	3	1	7	4
7	1	2	4	8	5	3	6	9
5	9	3	6	2	1	4	8	7
8	4	6	3	9	7	5	2	1
4	7	9	8	3	2	6	1	5
6	2	5	1	4	9	7	3	8
3	8	1	5	7	6	9	4	2

QUESTION

177 專家篇

＊解答請見第184頁。

目標時間：90分00秒
實際時間：　分　秒

	5	1				8	2	
	2		8		4		1	
		6		8		7		
			6	5	7			
		9		1		4		
	3		7		1		4	
	7	5				3	8	

檢查表

1	2	3
4	5	6
7	8	9

Q175解答

解題方法可參考本書第4-5頁的「高階解題技巧大公開」。

8	2	9	4	7	5	1	3	6
1	5	3	2	6	8	7	9	4
6	7	4	1	3	9	2	8	5
3	9	5	8	1	2	6	4	7
7	1	6	5	4	3	8	2	9
4	8	2	6	9	7	3	5	1
9	6	7	3	8	4	5	1	2
2	4	8	7	5	1	9	6	3
5	3	1	9	2	6	4	7	8

QUESTION

178 專家篇

＊解答請見第185頁。

目標時間：90分00秒
實際時間：　分　秒

8								1
	1		2	6				
			4		7	5		
	7	6				3		
	5			2			7	
		9				1	8	
		2	9		6			
				8	5		2	
5								7

檢查表

1	2	3
4	5	6
7	8	9

Q176解答

解題方法可參考本書第4-5頁的「高階解題技巧大公開」。

1	8	2	3	5	4	9	7	6
6	4	7	2	9	8	1	5	3
3	5	9	1	6	7	2	4	8
8	7	5	4	3	9	6	1	2
2	6	4	7	8	1	5	3	9
9	3	1	6	2	5	7	8	4
5	9	3	8	1	2	4	6	7
7	1	6	9	4	3	8	2	5
4	2	8	5	7	6	3	9	1

QUESTION

179 專家篇

＊解答請見第186頁。

目標時間：90分00秒
實際時間：　分　秒

							7	
		8	1	3				2
	4		2		7			
	6	2				1		
	3			7			5	
		5				4	9	
			3		5		4	
6				8	1	3		
	5							

檢查表

1	2	3
4	5	6
7	8	9

Q177解答

解題方法可參考本書第4-5頁的「高階解題技巧大公開」。

4	6	8	1	2	5	9	7	3
9	5	1	3	7	6	8	2	4
3	2	7	8	9	4	6	1	5
5	1	6	4	8	9	7	3	2
2	4	3	6	5	7	1	9	8
7	8	9	2	1	3	4	5	6
8	3	2	7	6	1	5	4	9
6	7	5	9	4	2	3	8	1
1	9	4	5	3	8	2	6	7

QUESTION

180 專家篇

*解答請見第187頁。

目標時間：90分00秒
實際時間：　分　秒

							8	
	1			3			4	5
		6	2		7			
		8			3	1		
	5			1			6	
		9	7			2		
			8		1	9		
3	9			6			2	
	8							

檢查表

1	2	3
4	5	6
7	8	9

Q178解答

解題方法可參考本書第4-5頁的「高階解題技巧大公開」。

8	6	7	3	5	9	2	4	1
4	1	5	2	6	8	7	3	9
9	2	3	4	1	7	5	6	8
1	7	6	8	9	4	3	5	2
3	5	8	6	2	1	9	7	4
2	4	9	5	7	3	1	8	6
7	3	2	9	4	6	8	1	5
6	9	1	7	8	5	4	2	3
5	8	4	1	3	2	6	9	7

QUESTION
181 專家篇

*解答請見第188頁。

目標時間：90分00秒
實際時間：　分　秒

				6				1
		2	4		3	6		
	9						2	
	2		9				7	
4				7				5
	8				5		4	
	4						6	
		1	8		2	4		
8				5				

檢查表

1	2	3
4	5	6
7	8	9

Q179解答

解題方法可參考本書第4-5頁的「高階解題技巧大公開」。

3	2	1	8	6	9	5	7	4
5	7	8	1	3	4	9	6	2
9	4	6	2	5	7	8	3	1
4	6	2	5	9	3	1	8	7
1	3	9	4	7	8	2	5	6
7	8	5	6	1	2	4	9	3
8	1	7	3	2	5	6	4	9
6	9	4	7	8	1	3	2	5
2	5	3	9	4	6	7	1	8

QUESTION

182 專家篇

＊解答請見第189頁。

目標時間：90分00秒
實際時間：　分　秒

4				9				1
							2	
			4		6	8		
		7	8		4	6		
5				1				2
		2	6		3	1		
		5	9		2			
	1							
7				3				6

檢查表

1	2	3
4	5	6
7	8	9

Q180解答

解題方法可參考本書第4-5頁的「高階解題技巧大公開」。

9	7	3	1	5	4	6	8	2
8	1	2	6	3	9	7	4	5
5	4	6	2	8	7	3	9	1
4	6	8	5	2	3	1	7	9
2	5	7	9	1	8	4	6	3
1	3	9	7	4	6	2	5	8
6	2	5	8	7	1	9	3	4
3	9	1	4	6	5	8	2	7
7	8	4	3	9	2	5	1	6

QUESTION

183 專家篇

＊解答請見第190頁。

目標時間：90分00秒
實際時間：　分　秒

7								8
	9	4	5			1		
	2	1					3	
	6			7				
			1	6	4			
				5			2	
	3					8	1	
		9			3	4	5	
1								2

檢查表

1	2	3
4	5	6
7	8	9

Q181解答

3	5	4	2	6	9	7	8	1
7	1	2	4	8	3	6	5	9
6	9	8	5	1	7	3	2	4
1	2	5	9	4	6	8	7	3
4	3	6	1	7	8	2	9	5
9	8	7	3	2	5	1	4	6
2	4	9	7	3	1	5	6	8
5	6	1	8	9	2	4	3	7
8	7	3	6	5	4	9	1	2

解題方法可參考本書第4-5頁的「高階解題技巧大公開」。

QUESTION

184 專家篇

*解答請見第191頁。

目標時間：90分00秒
實際時間：　　分　秒

						1		
	8		3	9			7	
		5	6			4		3
	1	2						
	7			8			5	
						2	3	
1		4			2	8		
	3			6	1		2	
		9						

檢查表

1	2	3
4	5	6
7	8	9

Q182解答

解題方法可參考本書第4-5頁的「高階解題技巧大公開」。

4	3	8	2	9	5	7	6	1
9	7	6	3	8	1	5	2	4
2	5	1	4	7	6	8	9	3
1	9	7	8	2	4	6	3	5
5	6	3	7	1	9	4	8	2
8	4	2	6	5	3	1	7	9
6	8	5	9	4	2	3	1	7
3	1	9	5	6	7	2	4	8
7	2	4	1	3	8	9	5	6

QUESTION

185 專家篇

＊解答請見第192頁。

目標時間：90分00秒

實際時間：　分　秒

		3				5		
	7			6				
2			7	8				4
		5			2			
	1	4		3		6	2	
			8			3		
6				2	4			1
				1			3	
		2				8		

檢查表

1	2	3
4	5	6
7	8	9

Q183解答

解題方法可參考本書第4-5頁的「高階解題技巧大公開」。

7	5	6	9	3	1	2	4	8
3	9	4	5	8	2	1	6	7
8	2	1	7	4	6	9	3	5
4	6	3	2	7	9	5	8	1
5	8	2	1	6	4	7	9	3
9	1	7	3	5	8	6	2	4
6	3	5	4	2	7	8	1	9
2	7	9	8	1	3	4	5	6
1	4	8	6	9	5	3	7	2

QUESTION

186 專家篇

＊解答請見第193頁。

目標時間：90分00秒
實際時間：　　分　　秒

		8				9		
	3		5				6	
1			4	8				2
	8	3						
		2		3		6		
						7	1	
2				1	6			5
	9				4		7	
		1				2		

檢查表

1	2	3
4	5	6
7	8	9

Q184解答

3	4	7	8	2	5	1	6	9
6	8	1	3	9	4	5	7	2
2	9	5	6	1	7	4	8	3
9	1	2	5	7	3	6	4	8
4	7	3	2	8	6	9	5	1
8	5	6	1	4	9	2	3	7
1	6	4	7	3	2	8	9	5
5	3	8	9	6	1	7	2	4
7	2	9	4	5	8	3	1	6

解題方法可參考本書第4-5頁的「高階解題技巧大公開」。

QUESTION

187 專家篇

＊解答請見第194頁。

目標時間：90分00秒
實際時間：　分　秒

				5				
	9		7		6			
		4			3	7		
	8				5	4	3	
2				1				5
	3	7	8				1	
		1	4			2		
			9		2		6	
				3				

檢查表

1	2	3
4	5	6
7	8	9

Q185解答

解題方法可參考本書第4-5頁的「高階解題技巧大公開」。

4	8	3	2	9	1	5	7	6
9	7	1	4	6	5	2	8	3
2	5	6	7	8	3	1	9	4
3	6	5	1	7	2	9	4	8
8	1	4	5	3	9	6	2	7
7	2	9	8	4	6	3	1	5
6	3	8	9	2	4	7	5	1
5	9	7	6	1	8	4	3	2
1	4	2	3	5	7	8	6	9

QUESTION
188 專家篇

*解答請見第195頁。

目標時間：90分00秒
實際時間： 分 秒

	4						2	
3				5				9
		5	1		9			
		7			2	3		
	5			7			8	
		2	8			1		
			9		6	7		
6				1				3
	2						5	

檢查表

1	2	3
4	5	6
7	8	9

Q186解答

解題方法可參考本書第4-5頁的「高階解題技巧大公開」。

5	2	8	1	6	3	9	4	7
9	3	4	5	7	2	8	6	1
1	7	6	4	8	9	5	3	2
7	8	3	6	5	1	4	2	9
4	1	2	9	3	7	6	5	8
6	5	9	2	4	8	7	1	3
2	4	7	8	1	6	3	9	5
8	9	5	3	2	4	1	7	6
3	6	1	7	9	5	2	8	4

QUESTION
189 專家篇

＊解答請見第196頁。

目標時間：90分00秒
實際時間：　分　秒

					5			1
		3	2		8			
	5	6		1		8		
	2						7	8
		5				9		
7	6						1	
		1		3		4	5	
			4		1	3		
2			5					

檢查表

1	2	3
4	5	6
7	8	9

Q187解答

解題方法可參考本書第4-5頁的「高階解題技巧大公開」。

7	6	2	1	5	8	3	9	4
3	9	5	7	4	6	1	2	8
8	1	4	2	9	3	7	5	6
1	8	9	6	7	5	4	3	2
2	4	6	3	1	9	8	7	5
5	3	7	8	2	4	6	1	9
9	5	1	4	6	7	2	8	3
4	7	3	9	8	2	5	6	1
6	2	8	5	3	1	9	4	7

QUESTION

190 專家篇

＊解答請見第197頁。

目標時間：90分00秒
實際時間：　　分　秒

		9				1		
	4						7	
2		5	9		1			6
		1		9		4		
			1		3			
		6		5		8		
7			5		4	6		3
	1						2	
		4				9		

檢查表

1	2	3
4	5	6
7	8	9

Q188解答

8	4	9	7	6	3	5	2	1
3	1	6	2	5	4	8	7	9
2	7	5	1	8	9	6	3	4
1	8	7	4	9	2	3	6	5
9	5	3	6	7	1	4	8	2
4	6	2	8	3	5	1	9	7
5	3	4	9	2	6	7	1	8
6	9	8	5	1	7	2	4	3
7	2	1	3	4	8	9	5	6

解題方法可參考本書第4-5頁的「高階解題技巧大公開」。

QUESTION
191 專家篇

*解答請見第198頁。

目標時間：90分00秒

實際時間：　分　秒

				1				4
	6	5					1	
	3		9		8			
		2		5		8		
3			7		4			1
		9		2		7		
			5		6		2	
	1					4	3	
2				3				

檢查表

1	2	3
4	5	6
7	8	9

Q189解答

解題方法可參考本書第4-5頁的「高階解題技巧大公開」。

8	4	2	6	9	5	7	3	1
1	7	3	2	4	8	6	9	5
9	5	6	7	1	3	8	4	2
3	2	9	1	6	4	5	7	8
4	1	5	8	2	7	9	6	3
7	6	8	3	5	9	2	1	4
6	8	1	9	3	2	4	5	7
5	9	7	4	8	1	3	2	6
2	3	4	5	7	6	1	8	9

QUESTION

192 專家篇

＊解答請見第199頁。

目標時間：	90分00秒
實際時間：	分　秒

				3			2	
				1	8			7
		6	7		2			
		7				6	3	
3	6						4	2
	5	2				7		
			3		4	9		
8			2	9				
	1			5				

檢查表

1	2	3
4	5	6
7	8	9

Q190解答

解題方法可參考本書第4-5頁的「高階解題技巧大公開」。

8	6	9	3	7	5	1	4	2
1	4	3	8	2	6	5	7	9
2	7	5	9	4	1	3	8	6
3	5	1	2	9	8	4	6	7
4	8	7	1	6	3	2	9	5
9	2	6	4	5	7	8	3	1
7	9	2	5	8	4	6	1	3
5	1	8	6	3	9	7	2	4
6	3	4	7	1	2	9	5	8

QUESTION

193 專家篇

＊解答請見第200頁。

目標時間：90分00秒
實際時間：　　分　　秒

			3	4	1	6		
		8		7			4	
	3			1			2	
	8	1	5		2	3	6	
	4			8			5	
	1			5		7		
		5	8	2	6			

檢查表

1	2	3
4	5	6
7	8	9

Q191解答

解題方法可參考本書第4-5頁的「高階解題技巧大公開」。

7	2	8	3	1	5	6	9	4
9	6	5	4	7	2	3	1	8
4	3	1	9	6	8	5	7	2
1	7	2	6	5	3	8	4	9
3	8	6	7	9	4	2	5	1
5	4	9	8	2	1	7	6	3
8	9	3	5	4	6	1	2	7
6	1	7	2	8	9	4	3	5
2	5	4	1	3	7	9	8	6

QUESTION

194 專家篇

*解答請見第201頁。

目標時間：90分00秒
實際時間：　分　秒

			6	9	3	2		
		1				9	7	
	5			1	2		9	
	9		7		5		8	
	6		8	3			2	
	7	2				1		
		3	5	8	7			

檢查表

1	2	3
4	5	6
7	8	9

Q192解答

7	4	1	9	3	6	8	2	5
2	3	9	5	1	8	4	6	7
5	8	6	7	4	2	1	9	3
1	9	7	4	2	5	6	3	8
3	6	8	1	7	9	5	4	2
4	5	2	8	6	3	7	1	9
6	2	5	3	8	4	9	7	1
8	7	4	2	9	1	3	5	6
9	1	3	6	5	7	2	8	4

解題方法可參考本書第4-5頁的「高階解題技巧大公開」。

QUESTION
195 專家篇

＊解答請見第202頁。

目標時間：90分00秒
實際時間：　　分　　秒

4								
	1	3					2	
	2		9	8	1			
		2		5		1		
		6	3		2	5		
		7		1		3		
			7	4	6		9	
	6					4	3	
								1

檢查表

1	2	3
4	5	6
7	8	9

Q193解答

解題方法可參考本書第4-5頁的「高階解題技巧大公開」。

4	9	3	2	6	8	1	7	5
2	5	7	3	4	1	6	9	8
1	6	8	9	7	5	2	4	3
5	3	9	6	1	4	8	2	7
7	8	1	5	9	2	3	6	4
6	4	2	7	8	3	9	5	1
8	1	6	4	5	9	7	3	2
3	7	5	8	2	6	4	1	9
9	2	4	1	3	7	5	8	6

QUESTION

196 專家篇

＊解答請見第203頁。

目標時間：90分00秒
實際時間：　分　秒

7								3
		3		1		5		
	6	8				2	1	
				5	4			
	1		6		7		5	
			8	2				
	3	5				6	9	
		9		4		3		
4								2

檢查表

1	2	3
4	5	6
7	8	9

Q194解答

解題方法可參考本書第4-5頁的「高階解題技巧大公開」。

4	2	9	1	7	8	5	6	3
7	8	5	6	9	3	2	1	4
6	3	1	2	5	4	9	7	8
3	5	8	4	1	2	7	9	6
2	9	4	7	6	5	3	8	1
1	6	7	8	3	9	4	2	5
8	7	2	3	4	6	1	5	9
9	1	3	5	8	7	6	4	2
5	4	6	9	2	1	8	3	7

QUESTION

197 專家篇

＊解答請見第204頁。

目標時間：90分00秒
實際時間：　分　秒

6								
		2	9	5		8		
	5			7	4		9	
	4					3		
	9	5				4	1	
		7					5	
	1		3	6			2	
		6		9	1	7		
								4

檢查表

1	2	3
4	5	6
7	8	9

Q195解答

解題方法可參考本書第4-5頁的「高階解題技巧大公開」。

4	7	9	5	2	3	8	1	6
8	1	3	4	6	7	9	2	5
6	2	5	9	8	1	7	4	3
3	8	2	6	5	9	1	7	4
1	4	6	3	7	2	5	8	9
9	5	7	8	1	4	3	6	2
5	3	1	7	4	6	2	9	8
2	6	8	1	9	5	4	3	7
7	9	4	2	3	8	6	5	1

QUESTION
198 專家篇

*解答請見第205頁。

目標時間：90分00秒
實際時間：　　分　秒

8								7
		4				8	3	
	3			2		5	1	
			7	8				
		1	2		9	4		
				4	3			
	2	6		1			4	
	1	8				9		
3								6

檢查表

1	2	3
4	5	6
7	8	9

Q196解答

解題方法可參考本書第4-5頁的「高階解題技巧大公開」。

7	9	1	2	6	5	8	4	3
2	4	3	9	1	8	5	6	7
5	6	8	4	7	3	2	1	9
6	8	7	3	5	4	9	2	1
3	1	2	6	9	7	4	5	8
9	5	4	8	2	1	7	3	6
1	3	5	7	8	2	6	9	4
8	2	9	1	4	6	3	7	5
4	7	6	5	3	9	1	8	2

QUESTION

199 專家篇

＊解答請見第206頁。

目標時間：90分00秒
實際時間：　分　秒

								9
		2	7	6	4	1		
	3						4	
	2			8			6	
	9		3		1		7	
	7			9			1	
	1						8	
		8	5	1	2	4		
5								

檢查表

1	2	3
4	5	6
7	8	9

Q197解答

解題方法可參考本書第4-5頁的「高階解題技巧大公開」。

6	8	9	2	1	3	5	4	7
4	7	2	9	5	6	8	3	1
1	5	3	8	7	4	6	9	2
2	4	1	6	8	5	3	7	9
8	9	5	7	3	2	4	1	6
3	6	7	1	4	9	2	5	8
7	1	4	3	6	8	9	2	5
5	2	6	4	9	1	7	8	3
9	3	8	5	2	7	1	6	4

QUESTION

200 專家篇

目標時間：90分00秒
實際時間：　分　秒

＊解答請見第207頁。

		4				2		
	1						5	
2		8	4		7			3
		7		8		9		
			1		5			
		3		6		1		
3			8		6	4		2
	2						8	
		9				3		

檢查表

1	2	3
4	5	6
7	8	9

Q198解答

解題方法可參考本書第4-5頁的「高階解題技巧大公開」。

8	5	2	1	3	4	6	9	7
1	6	4	5	9	7	8	3	2
9	3	7	8	2	6	5	1	4
5	4	3	7	8	1	2	6	9
6	7	1	2	5	9	4	8	3
2	8	9	6	4	3	7	5	1
7	2	6	9	1	5	3	4	8
4	1	8	3	6	2	9	7	5
3	9	5	4	7	8	1	2	6

QUESTION

201 專家篇

＊解答請見第208頁。

目標時間：90分00秒
實際時間：　分　秒

							3	4
			7		1		5	6
		1		2				
	9			7			1	
		2	4		3	6		
	8			5			4	
				3		5		
8	6		9		5			
7	2							

檢查表

1	2	3
4	5	6
7	8	9

Q199解答

解題方法可參考本書第4-5頁的「高階解題技巧大公開」。

4	5	6	1	3	8	7	2	9
9	8	2	7	6	4	1	5	3
7	3	1	2	5	9	6	4	8
1	2	3	4	8	7	9	6	5
6	9	5	3	2	1	8	7	4
8	7	4	6	9	5	3	1	2
2	1	7	9	4	3	5	8	6
3	6	8	5	1	2	4	9	7
5	4	9	8	7	6	2	3	1

QUESTION

202 專家篇

＊解答請見第209頁。

目標時間：90分00秒
實際時間：　　分　秒

5								6
				3	8		9	
		1		2		3		
				7			2	
	1	9	2		5	8	7	
	5			1				
		3		5		4		
	9		4	8				
7								1

檢查表

1	2	3
4	5	6
7	8	9

Q200解答

9	3	4	6	5	8	2	7	1
7	1	6	9	3	2	8	5	4
2	5	8	4	1	7	6	9	3
1	6	7	2	8	3	9	4	5
8	9	2	1	4	5	7	3	6
5	4	3	7	6	9	1	2	8
3	7	5	8	9	6	4	1	2
6	2	1	3	7	4	5	8	9
4	8	9	5	2	1	3	6	7

解題方法可參考本書第4-5頁的「高階解題技巧大公開」。

QUESTION

203 專家篇

＊解答請見第210頁。

目標時間：90分00秒
實際時間：　　分　　秒

								1
			6		5	4	3	
		1				8	9	
	2			7	3		5	
			2		8			
	3		4	5			6	
	4	5				3		
	6	2	1		9			
7								

檢查表

1	2	3
4	5	6
7	8	9

Q201解答

解題方法可參考本書第4-5頁的「高階解題技巧大公開」。

2	7	8	5	6	9	1	3	4
9	3	4	7	8	1	2	5	6
6	5	1	3	2	4	8	7	9
4	9	6	8	7	2	3	1	5
5	1	2	4	9	3	6	8	7
3	8	7	1	5	6	9	4	2
1	4	9	2	3	7	5	6	8
8	6	3	9	4	5	7	2	1
7	2	5	6	1	8	4	9	3

QUESTION

204 專家篇

＊解答請見第211頁。

目標時間：90分00秒
實際時間：　　分　　秒

		4						
				7			8	
7			4	6	9			
		1		4		8		
	3	5	2		6	4	1	
		9		3		5		
			3	8	7			2
	4			2				
						6		

檢查表

1	2	3
4	5	6
7	8	9

Q202解答

解題方法可參考本書第4-5頁的「高階解題技巧大公開」。

5	3	8	7	4	9	2	1	6
4	6	2	1	3	8	5	9	7
9	7	1	5	2	6	3	4	8
8	4	6	9	7	3	1	2	5
3	1	9	2	6	5	8	7	4
2	5	7	8	1	4	9	6	3
1	2	3	6	5	7	4	8	9
6	9	5	4	8	1	7	3	2
7	8	4	3	9	2	6	5	1

QUESTION

205 專家篇

＊解答請見第212頁。

目標時間：90分00秒
實際時間：　分　秒

8		6						5
	7							
1				3	4	9		
			5	4		1		
		1	2		3	5		
		7		9	6			
		5	8	6				3
							1	
6						4		9

檢查表

1	2	3
4	5	6
7	8	9

Q203解答

解題方法可參考本書第4-5頁的「高階解題技巧大公開」。

3	5	4	8	9	7	6	2	1
2	8	9	6	1	5	4	3	7
6	7	1	3	4	2	8	9	5
4	2	6	9	7	3	1	5	8
5	1	7	2	6	8	9	4	3
9	3	8	4	5	1	7	6	2
1	4	5	7	2	6	3	8	9
8	6	2	1	3	9	5	7	4
7	9	3	5	8	4	2	1	6

QUESTION

206 專家篇

＊解答請見第213頁。

目標時間：90分00秒
實際時間：　分　秒

2				3				8
			4	9		6		
		9				5	2	
	7		1					
1	3						8	9
					9		5	
	8	4				9		
		3		7	6			
7				4				3

檢查表

1	2	3
4	5	6
7	8	9

Q204解答

解題方法可參考本書第4-5頁的「高階解題技巧大公開」。

5	2	4	8	1	3	7	6	9
6	9	3	5	7	2	1	8	4
7	1	8	4	6	9	2	3	5
2	6	1	7	4	5	8	9	3
8	3	5	2	9	6	4	1	7
4	7	9	1	3	8	5	2	6
1	5	6	3	8	7	9	4	2
9	4	7	6	2	1	3	5	8
3	8	2	9	5	4	6	7	1

QUESTION

207 專家篇

＊解答請見第214頁。

目標時間：90分00秒
實際時間：　分　秒

2				3				1
		5	4			8		
	3	8					7	
	9		6		5			
4								6
			3		2		1	
	8					2	4	
		2			1	3		
3				5				8

檢查表

1	2	3
4	5	6
7	8	9

Q205解答

解題方法可參考本書第4-5頁的「高階解題技巧大公開」。

8	9	6	7	1	2	3	4	5
3	7	4	9	5	8	2	6	1
1	5	2	6	3	4	9	8	7
2	8	3	5	4	7	1	9	6
9	6	1	2	8	3	5	7	4
5	4	7	1	9	6	8	3	2
4	1	5	8	6	9	7	2	3
7	3	9	4	2	5	6	1	8
6	2	8	3	7	1	4	5	9

QUESTION
208 專家篇

＊解答請見第215頁。

目標時間：90分00秒
實際時間：　　分　秒

	5						4	
9		7				5		1
	6				3		8	
			6	2		4		
			8		9			
		2		5	1			
	4		9				1	
1		6				2		5
	2						7	

檢查表

1	2	3
4	5	6
7	8	9

Q206解答

2	4	6	5	3	1	7	9	8
8	5	7	4	9	2	6	3	1
3	1	9	6	8	7	5	2	4
9	7	2	1	5	8	3	4	6
1	3	5	7	6	4	2	8	9
4	6	8	3	2	9	1	5	7
6	8	4	2	1	3	9	7	5
5	9	3	8	7	6	4	1	2
7	2	1	9	4	5	8	6	3

解題方法可參考本書第4-5頁的「高階解題技巧大公開」。

QUESTION
209 專家篇

＊解答請見第216頁。

目標時間：90分00秒

實際時間：　分　秒

					6			7
	4	2				9		
	9			1			6	
				8	7			5
		3	6		4	1		
7			3	5				
	2			4			9	
		6				8	5	
1			5					

檢查表

1	2	3
4	5	6
7	8	9

Q207解答

解題方法可參考本書第4-5頁的「高階解題技巧大公開」。

2	7	4	9	3	8	6	5	1
6	1	5	4	2	7	8	3	9
9	3	8	5	1	6	4	7	2
8	9	1	6	4	5	7	2	3
4	2	3	1	7	9	5	8	6
7	5	6	3	8	2	9	1	4
1	8	9	7	6	3	2	4	5
5	4	2	8	9	1	3	6	7
3	6	7	2	5	4	1	9	8

QUESTION

210 專家篇

＊解答請見第217頁。

目標時間：90分00秒
實際時間：　分　秒

		3		4		5		
	8							
6				8	3	2		7
					7	9		
1		8				6		3
		4	9					
5		9	7	1				2
							1	
		7		2		4		

檢查表

1	2	3
4	5	6
7	8	9

Q208解答

2	5	8	7	1	6	9	4	3
9	3	7	2	4	8	5	6	1
4	6	1	5	9	3	7	8	2
8	1	3	6	2	7	4	5	9
5	7	4	8	3	9	1	2	6
6	9	2	4	5	1	8	3	7
7	4	5	9	6	2	3	1	8
1	8	6	3	7	4	2	9	5
3	2	9	1	8	5	6	7	4

解題方法可參考本書第4-5頁的「高階解題技巧大公開」。

QUESTION

211 專家篇

*解答請見第218頁。

目標時間：90分00秒
實際時間：　分　秒

2								4
			5		3	1		
				2		3	9	
	1			4			5	
		4	6		5	9		
	3			9			6	
	7	2		8				
		1	7		2			
4								8

檢查表

1	2	3
4	5	6
7	8	9

Q209解答

解題方法可參考本書第4-5頁的「高階解題技巧大公開」。

3	1	5	9	2	6	4	8	7
6	4	2	8	7	5	9	1	3
8	9	7	4	1	3	5	6	2
9	6	4	1	8	7	2	3	5
2	5	3	6	9	4	1	7	8
7	8	1	3	5	2	6	4	9
5	2	8	7	4	1	3	9	6
4	7	6	2	3	9	8	5	1
1	3	9	5	6	8	7	2	4

QUESTION
212 專家篇

＊解答請見第219頁。

目標時間：90分00秒
實際時間：　　分　秒

		9				3		8
	1						4	
4			1		3			9
		5		2		1		
			4		1			
		7		5		9		
3			2		7			5
	7						2	
5		8				4		

檢查表

1	2	3
4	5	6
7	8	9

Q210解答

解題方法可參考本書第4-5頁的「高階解題技巧大公開」。

7	2	3	6	4	9	5	8	1
9	8	5	2	7	1	3	6	4
6	4	1	5	8	3	2	9	7
2	5	6	1	3	7	9	4	8
1	9	8	4	5	2	6	7	3
3	7	4	9	6	8	1	2	5
5	6	9	7	1	4	8	3	2
4	3	2	8	9	5	7	1	6
8	1	7	3	2	6	4	5	9

QUESTION
213 專家篇

*解答請見第220頁。

目標時間：90分00秒
實際時間：　　分　　秒

							9	
		2	7		3			6
	3	6				1		
	9		5	3			2	
			4		9			
	4			1	6		5	
		1				4	6	
4			6		5	8		
	2							

檢查表

1	2	3
4	5	6
7	8	9

Q211解答

2	5	3	9	1	6	7	8	4
9	4	8	5	7	3	1	2	6
1	6	7	8	2	4	3	9	5
6	1	9	2	4	7	8	5	3
8	2	4	6	3	5	9	1	7
7	3	5	1	9	8	4	6	2
5	7	2	4	8	9	6	3	1
3	8	1	7	6	2	5	4	9
4	9	6	3	5	1	2	7	8

解題方法可參考本書第4-5頁的「高階解題技巧大公開」。

QUESTION
214 專家篇

*解答請見第221頁。

目標時間：90分00秒
實際時間：　　分　秒

6			2					4
		3		1		6		
	2			8			3	
3					5			
	7	2				1	4	
			4					9
	5			9			1	
		6		3		2		
8					2			6

檢查表

1	2	3
4	5	6
7	8	9

Q212解答

解題方法可參考本書第4-5頁的「高階解題技巧大公開」。

7	5	9	6	4	2	3	1	8
2	1	3	8	9	5	7	4	6
4	8	6	1	7	3	2	5	9
6	3	5	7	2	9	1	8	4
8	9	2	4	6	1	5	3	7
1	4	7	3	5	8	9	6	2
3	6	4	2	1	7	8	9	5
9	7	1	5	8	4	6	2	3
5	2	8	9	3	6	4	7	1

QUESTION

215 專家篇

＊解答請見第222頁。

目標時間：90分00秒	
實際時間： 分 秒	

			4					
		3		5		9		
	9	4		8		1	2	
7			1					
	3	1				5	4	
					6			8
	2	9		3		8	7	
		5		6		3		
					2			

檢查表

1	2	3
4	5	6
7	8	9

Q213解答

解題方法可參考本書第4-5頁的「高階解題技巧大公開」。

7	5	4	8	6	1	2	9	3
9	1	2	7	4	3	5	8	6
8	3	6	9	5	2	1	4	7
1	9	7	5	3	8	6	2	4
2	6	5	4	7	9	3	1	8
3	4	8	2	1	6	7	5	9
5	8	1	3	9	7	4	6	2
4	7	9	6	2	5	8	3	1
6	2	3	1	8	4	9	7	5

QUESTION

216 專家篇

＊解答請見第223頁。

目標時間：90分00秒

實際時間：　分　秒

				5				9
	3		7				6	
		4	3			8		
	2	7	6		1			
3								4
			4		5	1	7	
		5			8	9		
	1				3		2	
7				2				

檢查表

1	2	3
4	5	6
7	8	9

Q214解答

6	9	1	2	5	3	7	8	4
4	8	3	7	1	9	6	5	2
7	2	5	6	8	4	9	3	1
3	1	4	9	2	5	8	6	7
9	7	2	3	6	8	1	4	5
5	6	8	4	7	1	3	2	9
2	5	7	8	9	6	4	1	3
1	4	6	5	3	7	2	9	8
8	3	9	1	4	2	5	7	6

解題方法可參考本書第4-5頁的「高階解題技巧大公開」。

QUESTION

217 專家篇

＊解答請見第224頁。

目標時間：90分00秒
實際時間：　分　秒

		6						
	8		5		1		2	
9		4		3				
	9			2			1	
		8	4		9	7		
	6			5			3	
				8		3		2
	7		1		2		8	
						6		

檢查表

1	2	3
4	5	6
7	8	9

Q215解答

解題方法可參考本書第4-5頁的「高階解題技巧大公開」。

8	1	7	4	2	9	6	5	3
2	6	3	7	5	1	9	8	4
5	9	4	6	8	3	1	2	7
7	8	6	1	4	5	2	3	9
9	3	1	2	7	8	5	4	6
4	5	2	3	9	6	7	1	8
6	2	9	5	3	4	8	7	1
1	4	5	8	6	7	3	9	2
3	7	8	9	1	2	4	6	5

QUESTION
218 專家篇

*解答請見第225頁。

目標時間：90分00秒
實際時間：　分　秒

				3				
	8	2				1	9	
	7		4				3	
		5	3		2			
7				5				2
			1		6	8		
	2				5		4	
	9	3				5	1	
				9				

檢查表

1	2	3
4	5	6
7	8	9

Q216解答

解題方法可參考本書第4-5頁的「高階解題技巧大公開」。

1	7	6	8	5	4	2	3	9
8	3	2	7	1	9	4	6	5
5	9	4	3	6	2	8	1	7
4	2	7	6	9	1	3	5	8
3	5	1	2	8	7	6	9	4
6	8	9	4	3	5	1	7	2
2	6	5	1	7	8	9	4	3
9	1	8	5	4	3	7	2	6
7	4	3	9	2	6	5	8	1

QUESTION
219 專家篇

＊解答請見第226頁。

目標時間：90分00秒
實際時間：　　分　秒

	5			4			3	
3								5
		2			1	6		
				2		3		
6			7	8	5			1
		5		1				
		9	4			7		
1								9
	8			5			4	

檢查表

1	2	3
4	5	6
7	8	9

Q217解答

1	5	6	2	9	7	8	4	3
7	8	3	5	4	1	9	2	6
9	2	4	8	3	6	1	5	7
5	9	7	6	2	3	4	1	8
2	3	8	4	1	9	7	6	5
4	6	1	7	5	8	2	3	9
6	1	5	9	8	4	3	7	2
3	7	9	1	6	2	5	8	4
8	4	2	3	7	5	6	9	1

解題方法可參考本書第4-5頁的「高階解題技巧大公開」。

QUESTION
220 專家篇

＊解答請見第227頁。

目標時間：90分00秒
實際時間：　　分　　秒

3								
					1	8		
		6	4		3	9	1	
		2	9			3	6	
				4				
	9	4			5	2		
	2	9	6		8	1		
		5	2					
								8

檢查表

1	2	3
4	5	6
7	8	9

Q218解答

解題方法可參考本書第4-5頁的「高階解題技巧大公開」。

1	4	6	8	3	9	7	2	5
3	8	2	5	6	7	1	9	4
5	7	9	4	2	1	6	3	8
9	6	5	3	8	2	4	7	1
7	1	8	9	5	4	3	6	2
2	3	4	1	7	6	8	5	9
8	2	7	6	1	5	9	4	3
6	9	3	2	4	8	5	1	7
4	5	1	7	9	3	2	8	6

QUESTION
221 專家篇

*解答請見第228頁。

目標時間：90分00秒
實際時間：　分　秒

7						3	8	
			9		5			1
				4				5
	6				8		2	
		4		3		1		
	3		2				4	
3				5				
8			7		1			
	2	1						7

檢查表

1	2	3
4	5	6
7	8	9

Q219解答

解題方法可參考本書第4-5頁的「高階解題技巧大公開」。

9	5	8	6	4	7	1	3	2
3	6	1	8	9	2	4	7	5
4	7	2	5	3	1	6	9	8
8	1	7	9	2	6	3	5	4
6	3	4	7	8	5	9	2	1
2	9	5	3	1	4	8	6	7
5	2	9	4	6	8	7	1	3
1	4	6	2	7	3	5	8	9
7	8	3	1	5	9	2	4	6

QUESTION

222 專家篇

＊解答請見第229頁。

目標時間：	90分00秒
實際時間：	分　秒

				2		3		
			4		8	7		
		1					5	6
	5				6		2	
9				8				5
	1		2				7	
7	3					2		
		8	7		9			
		4		1				

檢查表

1	2	3
4	5	6
7	8	9

Q220解答

解題方法可參考本書第4-5頁的「高階解題技巧大公開」。

3	5	1	8	9	6	7	4	2
9	4	7	5	2	1	8	3	6
2	8	6	4	7	3	9	1	5
5	1	2	9	8	7	3	6	4
6	3	8	1	4	2	5	7	9
7	9	4	3	6	5	2	8	1
4	2	9	6	3	8	1	5	7
8	7	5	2	1	4	6	9	3
1	6	3	7	5	9	4	2	8

QUESTION
223 專家篇

*解答請見第230頁。

目標時間：90分00秒
實際時間：　分　秒

	1						4	
9				8				7
		2	3		7			
		3			9	6		
	4			3			7	
		6	5			1		
			9		8	5		
3				1				2
	2						1	

檢查表

1	2	3
4	5	6
7	8	9

Q221解答

解題方法可參考本書第4-5頁的「高階解題技巧大公開」。

7	9	5	1	6	2	3	8	4
4	8	3	9	7	5	2	6	1
6	1	2	8	4	3	9	7	5
5	6	9	4	1	8	7	2	3
2	7	4	5	3	6	1	9	8
1	3	8	2	9	7	5	4	6
3	4	7	6	5	9	8	1	2
8	5	6	7	2	1	4	3	9
9	2	1	3	8	4	6	5	7

QUESTION

224 專家篇

＊解答請見第231頁。

目標時間：90分00秒
實際時間：　　分　秒

							7	9
		2			3			1
	1			9		2		
			3		5		2	
		1		6		3		
	5		7		4			
		7		8			9	
8			2			4		
3	4							

檢查表

1	2	3
4	5	6
7	8	9

Q222解答

5	4	7	6	2	1	3	8	9
3	6	9	4	5	8	7	1	2
2	8	1	3	9	7	4	5	6
4	5	3	9	7	6	1	2	8
9	7	2	1	8	3	6	4	5
8	1	6	2	4	5	9	7	3
7	3	5	8	6	4	2	9	1
1	2	8	7	3	9	5	6	4
6	9	4	5	1	2	8	3	7

解題方法可參考本書第4-5頁的「高階解題技巧大公開」。

QUESTION
225 神級篇
＊解答請見第232頁。

目標時間：120分00秒
實際時間：　　分　　秒

			4		7		9	
				2		8		5
		2	5				7	
7		9						4
	5			3			1	
8						9		2
	9				8	4		
3		6		7				
	2		1		3			

檢查表

1	2	3
4	5	6
7	8	9

Q223解答

解題方法可參考本書第4-5頁的「高階解題技巧大公開」。

8	1	7	2	6	5	3	4	9
9	3	5	4	8	1	2	6	7
4	6	2	3	9	7	8	5	1
5	8	3	1	7	9	6	2	4
2	4	1	8	3	6	9	7	5
7	9	6	5	4	2	1	8	3
1	7	4	9	2	8	5	3	6
3	5	8	6	1	4	7	9	2
6	2	9	7	5	3	4	1	8

QUESTION

226 神級篇

＊解答請見第233頁。

目標時間：120分00秒
實際時間：　分　秒

		3		2		9		
		6			7			
8	5			4				7
			8				2	
9		2				5		1
	4				5			
5				1			9	6
			5			3		
		4		6		8		

檢查表

1	2	3
4	5	6
7	8	9

Q224解答

解題方法可參考本書第4-5頁的「高階解題技巧大公開」。

5	3	8	1	4	2	6	7	9
9	6	2	5	7	3	8	4	1
7	1	4	6	9	8	2	3	5
4	8	9	3	1	5	7	2	6
2	7	1	8	6	9	3	5	4
6	5	3	7	2	4	9	1	8
1	2	7	4	8	6	5	9	3
8	9	5	2	3	1	4	6	7
3	4	6	9	5	7	1	8	2

QUESTION
227 神級篇

＊解答請見第234頁。

目標時間：120分00秒
實際時間：　分　秒

								2
	1	9		5		6		
	4	2	6			1	7	
		3			1			
	7						3	
			8			4		
	6	4			2	9	5	
		7		1		3	2	
5								

檢查表

1	2	3
4	5	6
7	8	9

Q225解答

解題方法可參考本書第4-5頁的「高階解題技巧大公開」。

5	3	8	4	6	7	2	9	1
6	7	1	3	2	9	8	4	5
9	4	2	5	8	1	3	7	6
7	6	9	8	1	2	5	3	4
2	5	4	9	3	6	7	1	8
8	1	3	7	4	5	9	6	2
1	9	7	6	5	8	4	2	3
3	8	6	2	7	4	1	5	9
4	2	5	1	9	3	6	8	7

QUESTION

228 神級篇

*解答請見第235頁。

目標時間：120分00秒
實際時間：　　分　　秒

9								3
	2	1				4	8	
	5	3	7				2	
		6		3				
			8	1	9			
				7		5		
	6				1	2	5	
	4	2				6	9	
5								7

檢查表

1	2	3
4	5	6
7	8	9

Q226解答

解題方法可參考本書第4-5頁的「高階解題技巧大公開」。

4	7	3	1	2	8	9	6	5
2	9	6	3	5	7	1	4	8
8	5	1	9	4	6	2	3	7
6	3	5	8	7	1	4	2	9
9	8	2	6	3	4	5	7	1
1	4	7	2	9	5	6	8	3
5	2	8	4	1	3	7	9	6
7	6	9	5	8	2	3	1	4
3	1	4	7	6	9	8	5	2

QUESTION

229 神級篇

＊解答請見第236頁。

目標時間：120分00秒
實際時間：　　分　　秒

		8				9	4	
	2						1	5
1			6			8		2
		3	4		8			
				9				
			1		3	5		
6		9			1			8
8	7						2	
	5	1				3		

檢查表

1	2	3
4	5	6
7	8	9

Q227解答

6	3	5	1	4	7	8	9	2
7	1	9	2	5	8	6	4	3
8	4	2	6	9	3	1	7	5
4	5	3	9	7	1	2	6	8
1	7	8	4	2	6	5	3	9
2	9	6	8	3	5	4	1	7
3	6	4	7	8	2	9	5	1
9	8	7	5	1	4	3	2	6
5	2	1	3	6	9	7	8	4

解題方法可參考本書第4-5頁的「高階解題技巧大公開」。

QUESTION

230 神級篇

＊解答請見第237頁。

目標時間：120分00秒	
實際時間： 分 秒	

				4				
	9	1				3	5	
	5		9	1			4	
		4	2					
3		8		7		9		1
					1	6		
	4			5	9		6	
	1	7				8	9	
				2				

檢查表

1	2	3
4	5	6
7	8	9

Q228解答

9	8	4	1	2	5	7	6	3
7	2	1	6	9	3	4	8	5
6	5	3	7	4	8	9	2	1
4	1	6	5	3	2	8	7	9
2	7	5	8	1	9	3	4	6
8	3	9	4	7	6	5	1	2
3	6	7	9	8	1	2	5	4
1	4	2	3	5	7	6	9	8
5	9	8	2	6	4	1	3	7

解題方法可參考本書第4-5頁的「高階解題技巧大公開」。

QUESTION
231 神級篇

目標時間：120分00秒	
實際時間：　分　秒	

*解答請見第238頁。

6								
	2	8					7	
	5	4	2		7	9		
		1		9		6		
			8	6	1			
		2		7		4		
		7	3		9	5	4	
	4					7	2	
								1

檢查表

1	2	3
4	5	6
7	8	9

Q229解答

解題方法可參考本書第4-5頁的「高階解題技巧大公開」。

3	6	8	5	1	2	9	4	7
9	2	7	3	8	4	6	1	5
1	4	5	6	7	9	8	3	2
7	9	3	4	5	8	2	6	1
5	1	2	7	9	6	4	8	3
4	8	6	1	2	3	5	7	9
6	3	9	2	4	1	7	5	8
8	7	4	9	3	5	1	2	6
2	5	1	8	6	7	3	9	4

QUESTION

232 神級篇

＊解答請見第239頁。

目標時間：120分00秒	
實際時間： 分 秒	

							1	
		5	3			9		7
	2	9		7		4	5	
	3				1			
		6		2		1		
			9				3	
	9	7		1		5	4	
1		8			2	7		
	5							

檢查表

1	2	3
4	5	6
7	8	9

Q230解答

解題方法可參考本書第4-5頁的「高階解題技巧大公開」。

7	3	6	5	4	8	2	1	9
4	9	1	7	6	2	3	5	8
8	5	2	9	1	3	7	4	6
1	7	4	2	9	6	5	8	3
3	6	8	4	7	5	9	2	1
9	2	5	3	8	1	6	7	4
2	4	3	8	5	9	1	6	7
5	1	7	6	3	4	8	9	2
6	8	9	1	2	7	4	3	5

QUESTION

233 神級篇

*解答請見第240頁。

目標時間：120分00秒
實際時間：　分　秒

	8		1	2	3			
		6	8		9	3		
	2	5				6	4	
	6			4			3	
	9	1				2	7	
		3	2		6	1		
			7	3	1		6	

檢查表

1	2	3
4	5	6
7	8	9

Q231解答

解題方法可參考本書第4-5頁的「高階解題技巧大公開」。

6	7	9	1	3	4	8	5	2
3	2	8	9	5	6	1	7	4
1	5	4	2	8	7	9	6	3
7	8	1	4	9	2	6	3	5
4	3	5	8	6	1	2	9	7
9	6	2	5	7	3	4	1	8
8	1	7	3	2	9	5	4	6
5	4	3	6	1	8	7	2	9
2	9	6	7	4	5	3	8	1

QUESTION

234 神級篇

*解答請見第241頁。

目標時間：120分00秒
實際時間：　分　秒

				8				
		3	7		2	5		
	5		6				2	
	2	6	9				3	
7				1				8
	8				4	6	1	
	9				1		6	
		5	8		3	2		
				6				

檢查表

1	2	3
4	5	6
7	8	9

Q232解答

解題方法可參考本書第4-5頁的「高階解題技巧大公開」。

7	6	4	2	5	9	3	1	8
8	1	5	3	6	4	9	2	7
3	2	9	1	7	8	4	5	6
9	3	2	6	4	1	8	7	5
5	8	6	7	2	3	1	9	4
4	7	1	9	8	5	6	3	2
2	9	7	8	1	6	5	4	3
1	4	8	5	3	2	7	6	9
6	5	3	4	9	7	2	8	1

QUESTION
235 神級篇

＊解答請見第242頁。

目標時間：120分00秒
實際時間：　分　秒

				2	6			
		3				1		
	1			7			5	
			9		8			2
5		6				3		8
9			3		4			
	2			9			6	
		1				8		
			6	4				

檢查表

1	2	3
4	5	6
7	8	9

Q233解答

解題方法可參考本書第4-5頁的「高階解題技巧大公開」。

1	3	9	6	7	4	5	8	2
5	8	4	1	2	3	7	9	6
2	7	6	8	5	9	3	1	4
3	2	5	9	1	7	6	4	8
7	6	8	5	4	2	9	3	1
4	9	1	3	6	8	2	7	5
9	4	3	2	8	6	1	5	7
8	5	2	7	3	1	4	6	9
6	1	7	4	9	5	8	2	3

QUESTION

236 神級篇

*解答請見第243頁。

目標時間:120分00秒
實際時間:　　分　　秒

7								3
	1				6		4	
		2		4	7			
			5			4	6	
		3				5		
	2	6			4			
			1	6		9		
	8		7				1	
3								2

檢查表

1	2	3
4	5	6
7	8	9

Q234解答

解題方法可參考本書第4-5頁的「高階解題技巧大公開」。

4	6	2	1	8	5	3	7	9
9	1	3	7	4	2	5	8	6
8	5	7	6	3	9	1	2	4
1	2	6	9	5	8	4	3	7
7	3	4	2	1	6	9	5	8
5	8	9	3	7	4	6	1	2
3	9	8	4	2	1	7	6	5
6	7	5	8	9	3	2	4	1
2	4	1	5	6	7	8	9	3

QUESTION

237 神級篇

*解答請見第244頁。

目標時間：120分00秒
實際時間：　分　秒

	2						7	
1				3				6
		9	7		8			
		4			5	3		
	3			7			1	
		6	1			4		
			2		4	1		
2				9				3
	5						6	

檢查表

1	2	3
4	5	6
7	8	9

Q235解答

解題方法可參考本書第4-5頁的「高階解題技巧大公開」。

7	5	9	1	2	6	4	8	3
4	6	3	5	8	9	1	2	7
2	1	8	4	7	3	9	5	6
1	3	7	9	5	8	6	4	2
5	4	6	7	1	2	3	9	8
9	8	2	3	6	4	7	1	5
3	2	4	8	9	7	5	6	1
6	9	1	2	3	5	8	7	4
8	7	5	6	4	1	2	3	9

QUESTION
238 神級篇

＊解答請見第245頁。

目標時間：120分00秒
實際時間：　　分　　秒

				7				
		8		4	1	7		
	6		2			1	3	
		4					6	
6	3						1	2
	1					5		
	2	7			9		8	
		1	4	6		2		
				1				

檢查表

1	2	3
4	5	6
7	8	9

Q236解答

7	6	4	2	5	1	8	9	3
8	1	5	3	9	6	2	4	7
9	3	2	8	4	7	1	5	6
1	7	8	5	3	2	4	6	9
4	9	3	6	7	8	5	2	1
5	2	6	9	1	4	7	3	8
2	4	7	1	6	3	9	8	5
6	8	9	7	2	5	3	1	4
3	5	1	4	8	9	6	7	2

解題方法可參考本書第4-5頁的「高階解題技巧大公開」。

QUESTION

239 神級篇

＊解答請見第246頁。

目標時間：120分00秒
實際時間：　　分　　秒

	6						4	
2			8					9
		3		4		5		
	4			3	7			
		6	9		4	1		
			2	6			8	
		1		5		3		
5					6			4
	7						6	

檢查表

1	2	3
4	5	6
7	8	9

Q237解答

解題方法可參考本書第4-5頁的「高階解題技巧大公開」。

3	2	5	9	4	6	8	7	1
1	8	7	5	3	2	9	4	6
4	6	9	7	1	8	5	3	2
7	1	4	8	6	5	3	2	9
8	3	2	4	7	9	6	1	5
5	9	6	1	2	3	4	8	7
6	7	3	2	5	4	1	9	8
2	4	8	6	9	1	7	5	3
9	5	1	3	8	7	2	6	4

QUESTION
240 神級篇

＊解答請見第247頁。

目標時間：120分00秒
實際時間：　　分　　秒

	5					7	1	
1								5
		4			6	9		8
				6	1	4		
			7	8	9			
		2	4	5				
4		5	1			6		
7								2
	3	6					5	

檢查表

1	2	3
4	5	6
7	8	9

Q238解答

解題方法可參考本書第4-5頁的「高階解題技巧大公開」。

1	4	3	9	7	6	8	2	5
2	5	8	3	4	1	7	9	6
7	6	9	2	5	8	1	3	4
9	7	4	1	2	5	3	6	8
6	3	5	7	8	4	9	1	2
8	1	2	6	9	3	5	4	7
4	2	7	5	3	9	6	8	1
3	8	1	4	6	7	2	5	9
5	9	6	8	1	2	4	7	3

QUESTION
241 神級篇

＊解答請見第248頁。

目標時間：120分00秒
實際時間：　分　秒

		3				6		
		9	2		8		3	
1	6							4
	5		8		4		2	
				9				
	9		7		6		5	
5							6	9
	4		5		9	8		
		7				3		

檢查表

1	2	3
4	5	6
7	8	9

Q239解答

1	6	9	5	2	3	7	4	8
2	5	4	8	7	1	6	3	9
7	8	3	6	4	9	5	2	1
8	4	5	1	3	7	2	9	6
3	2	6	9	8	4	1	5	7
9	1	7	2	6	5	4	8	3
6	9	1	4	5	8	3	7	2
5	3	2	7	9	6	8	1	4
4	7	8	3	1	2	9	6	5

解題方法可參考本書第4-5頁的「高階解題技巧大公開」。

QUESTION

242 神級篇

＊解答請見第249頁。

目標時間：120分00秒
實際時間：　　分　　秒

		3			4	7	1	
	6		3		2		4	
		4		8		1	7	
			4	9	1			
	3	8		2		5		
	1		8		6		5	
	2	5	1			3		

檢查表

1	2	3
4	5	6
7	8	9

Q240解答

解題方法可參考本書第4-5頁的「高階解題技巧大公開」。

3	5	9	8	2	4	7	1	6
1	6	8	3	9	7	2	4	5
2	7	4	5	1	6	9	3	8
5	8	7	2	6	1	4	9	3
6	4	3	7	8	9	5	2	1
9	1	2	4	5	3	8	6	7
4	2	5	1	3	8	6	7	9
7	9	1	6	4	5	3	8	2
8	3	6	9	7	2	1	5	4

QUESTION

243 神級篇

＊解答請見第250頁。

目標時間：120分00秒
實際時間：　　分　　秒

9				4				
	1				5		8	
		3			2	5		
				7		3	4	
4			2	1	6			5
	7	2		3				
		1	4			6		
	5		7				9	
				8				1

檢查表

1	2	3
4	5	6
7	8	9

Q241解答

解題方法可參考本書第4-5頁的「高階解題技巧大公開」。

8	2	3	4	5	1	6	9	7
4	7	9	2	6	8	5	3	1
1	6	5	9	7	3	2	8	4
7	5	6	8	1	4	9	2	3
2	1	8	3	9	5	7	4	6
3	9	4	7	2	6	1	5	8
5	3	2	1	8	7	4	6	9
6	4	1	5	3	9	8	7	2
9	8	7	6	4	2	3	1	5

QUESTION

244 神級篇

*解答請見第251頁。

目標時間：120分00秒
實際時間：　　分　　秒

4								6
	1		3				7	
		2	8			4		
	3	9		5	8			
			7	3	4			
			9	6		1	5	
		6			7	2		
	2				5		1	
7								9

檢查表

1	2	3
4	5	6
7	8	9

Q242解答

9	4	2	7	1	8	6	3	5
8	5	3	9	6	4	7	1	2
7	6	1	3	5	2	9	4	8
2	9	4	5	8	3	1	7	6
5	7	6	4	9	1	8	2	3
1	3	8	6	2	7	5	9	4
4	1	7	8	3	6	2	5	9
6	2	5	1	4	9	3	8	7
3	8	9	2	7	5	4	6	1

解題方法可參考本書第4-5頁的「高階解題技巧大公開」。

QUESTION

245 神級篇

＊解答請見第252頁。

目標時間：120分00秒
實際時間：　　分　　秒

			7		2			
		6		5		8		
	4			1			3	
7			1					9
	5	1		4		6	8	
6					3			2
	7			3			5	
		9		2		1		
			4		8			

檢查表

1	2	3
4	5	6
7	8	9

Q243解答

解題方法可參考本書第4-5頁的「高階解題技巧大公開」。

9	8	5	1	4	7	2	3	6
2	1	6	3	9	5	7	8	4
7	4	3	8	6	2	5	1	9
1	6	9	5	7	8	3	4	2
4	3	8	2	1	6	9	7	5
5	7	2	9	3	4	1	6	8
8	9	1	4	5	3	6	2	7
6	5	4	7	2	1	8	9	3
3	2	7	6	8	9	4	5	1

QUESTION

246 神級篇

*解答請見第253頁。

目標時間：120分00秒
實際時間：　　分　　秒

	3						4	
6					8		5	7
		1		5		6		
			8		3		7	
		7		9		2		
	8		1		6			
		4		3		5		
5	7		9					2
	9						1	

檢查表

1	2	3
4	5	6
7	8	9

Q244解答

4	9	7	5	2	1	3	8	6
6	1	8	3	4	9	5	7	2
3	5	2	8	7	6	4	9	1
2	3	9	1	5	8	6	4	7
5	6	1	7	3	4	9	2	8
8	7	4	9	6	2	1	5	3
1	8	6	4	9	7	2	3	5
9	2	3	6	8	5	7	1	4
7	4	5	2	1	3	8	6	9

解題方法可參考本書第4-5頁的「高階解題技巧大公開」。

QUESTION
247 神級篇

*解答請見第254頁。

目標時間：120分00秒
實際時間：　　分　　秒

				8				
		9			6	2	3	
	4		1		9		7	
		3				9	8	
8				2				1
	1	5				3		
	3		4		2		9	
	7	2	9			6		
				1				

檢查表

1	2	3
4	5	6
7	8	9

Q245解答

解題方法可參考本書第4-5頁的「高階解題技巧大公開」。

5	1	3	7	8	2	4	9	6
9	2	6	3	5	4	8	7	1
8	4	7	9	1	6	2	3	5
7	8	2	1	6	5	3	4	9
3	5	1	2	4	9	6	8	7
6	9	4	8	7	3	5	1	2
2	7	8	6	3	1	9	5	4
4	3	9	5	2	7	1	6	8
1	6	5	4	9	8	7	2	3

QUESTION

248 神級篇

＊解答請見第255頁。

目標時間：120分00秒
實際時間：　分　秒

5				3				
			2		1		8	
		1	9			3		
	3	4			2		1	
8				7				9
	2		4			5	3	
		7			8	9		
	5		3		6			
				4				6

檢查表

1	2	3
4	5	6
7	8	9

Q246解答

7	3	5	2	6	9	8	4	1
6	2	9	4	1	8	3	5	7
8	4	1	3	5	7	6	2	9
9	5	6	8	2	3	1	7	4
3	1	7	5	9	4	2	8	6
4	8	2	1	7	6	9	3	5
1	6	4	7	3	2	5	9	8
5	7	3	9	8	1	4	6	2
2	9	8	6	4	5	7	1	3

解題方法可參考本書第4-5頁的「高階解題技巧大公開」。

QUESTION

249 神級篇

*解答請見第256頁。

目標時間：120分00秒
實際時間：　　分　　秒

		4	3		2	9	6	
	2		9		5		3	
	8	5				3	7	
				1				
	9	3				2	4	
	4		2		7		8	
	3	7	1		8	5		

檢查表

1	2	3
4	5	6
7	8	9

Q247解答

解題方法可參考本書第4-5頁的「高階解題技巧大公開」。

3	6	7	2	8	5	1	4	9
1	5	9	7	4	6	2	3	8
2	4	8	1	3	9	5	7	6
6	2	3	5	7	1	9	8	4
8	9	4	6	2	3	7	5	1
7	1	5	8	9	4	3	6	2
5	3	1	4	6	2	8	9	7
4	7	2	9	5	8	6	1	3
9	8	6	3	1	7	4	2	5

QUESTION
250 神級篇
＊解答請見第257頁。

目標時間：120分00秒
實際時間：　　分　　秒

							8	
		2	8			4		7
	4	7				9	5	
	8			9	4			
			1	6	8			
			7	5			1	
	9	1				7	3	
4		5			2	8		
	3							

檢查表

1	2	3
4	5	6
7	8	9

Q248解答

5	6	2	8	3	4	7	9	1
3	7	9	2	6	1	4	8	5
4	8	1	9	5	7	3	6	2
9	3	4	5	8	2	6	1	7
8	1	5	6	7	3	2	4	9
7	2	6	4	1	9	5	3	8
6	4	7	1	2	8	9	5	3
2	5	8	3	9	6	1	7	4
1	9	3	7	4	5	8	2	6

解題方法可參考本書第4-5頁的「高階解題技巧大公開」。

QUESTION
251 神級篇

＊解答請見第258頁。

目標時間：120分00秒
實際時間：　分　秒

				2				
		7		9	6	1		
	2	9				5	6	
			5				4	
2	4			6			1	8
	9				1			
	1	8				4	5	
		6	7	1		2		
				5				

檢查表

1	2	3
4	5	6
7	8	9

Q249解答

解題方法可參考本書第4-5頁的「高階解題技巧大公開」。

3	7	9	8	6	1	4	5	2
5	1	4	3	7	2	9	6	8
8	2	6	9	4	5	1	3	7
1	8	5	4	2	9	3	7	6
4	6	2	7	1	3	8	9	5
7	9	3	5	8	6	2	4	1
9	4	1	2	5	7	6	8	3
6	3	7	1	9	8	5	2	4
2	5	8	6	3	4	7	1	9

QUESTION

252 神級篇

＊解答請見第259頁。

目標時間：120分00秒	
實際時間：	分　秒

						3		
	7			4			5	
		5	3	9		2		8
		1			9			
	5	4		8		9	1	
			7			8		
3		9		1	4	7		
	4			6			2	
		2						

檢查表

1	2	3
4	5	6
7	8	9

Q250解答

3	6	9	4	7	5	1	8	2
5	1	2	8	3	9	4	6	7
8	4	7	6	2	1	9	5	3
1	8	6	2	9	4	3	7	5
7	5	3	1	6	8	2	4	9
9	2	4	7	5	3	6	1	8
2	9	1	5	8	6	7	3	4
4	7	5	3	1	2	8	9	6
6	3	8	9	4	7	5	2	1

解題方法可參考本書第4-5頁的「高階解題技巧大公開」。

QUESTION

253 神級篇

＊解答請見第260頁。

目標時間：120分00秒
實際時間：　　分　　秒

7								3
		6				1		
	9		4	5	1		6	
		5	7			2		
		4		6		8		
		8			5	3		
	1		9	2	4		8	
		2				9		
5								7

檢查表

1	2	3
4	5	6
7	8	9

Q251解答

解題方法可參考本書第4-5頁的「高階解題技巧大公開」。

3	6	4	1	2	5	8	9	7
5	8	7	4	9	6	1	2	3
1	2	9	8	7	3	5	6	4
6	7	1	5	8	9	3	4	2
2	4	5	3	6	7	9	1	8
8	9	3	2	4	1	6	7	5
7	1	8	9	3	2	4	5	6
4	5	6	7	1	8	2	3	9
9	3	2	6	5	4	7	8	1

QUESTION

254 神級篇

＊解答請見第260頁。

目標時間：120分00秒	
實際時間： 分 秒	

		3				1	2	
	5				2		8	7
1								9
				1	8		4	
			9	7	5			
	1		3	4				
6								8
4	9		7				3	
	8	5				4		

檢查表

1	2	3
4	5	6
7	8	9

Q252解答

解題方法可參考本書第4-5頁的「高階解題技巧大公開」。

6	2	8	1	7	5	3	4	9
9	7	3	8	4	2	6	5	1
4	1	5	3	9	6	2	7	8
8	3	1	4	2	9	5	6	7
7	5	4	6	8	3	9	1	2
2	9	6	7	5	1	8	3	4
3	6	9	2	1	4	7	8	5
5	4	7	9	6	8	1	2	3
1	8	2	5	3	7	4	9	6

檢查表

1	2	3
4	5	6
7	8	9

Q253解答

解題方法可參考本書第4-5頁的「高階解題技巧大公開」。

7	8	1	6	9	2	5	4	3
4	5	6	8	3	7	1	9	2
2	9	3	4	5	1	7	6	8
6	3	5	7	8	9	2	1	4
1	7	4	2	6	3	8	5	9
9	2	8	1	4	5	3	7	6
3	1	7	9	2	4	6	8	5
8	4	2	5	7	6	9	3	1
5	6	9	3	1	8	4	2	7

檢查表

1	2	3
4	5	6
7	8	9

Q254解答

解題方法可參考本書第4-5頁的「高階解題技巧大公開」。

8	6	3	5	9	7	1	2	4
9	5	4	1	6	2	3	8	7
1	2	7	8	3	4	5	6	9
5	3	9	2	1	8	7	4	6
2	4	6	9	7	5	8	1	3
7	1	8	3	4	6	9	5	2
6	7	1	4	5	3	2	9	8
4	9	2	7	8	1	6	3	5
3	8	5	6	2	9	4	7	1

全數問題總實際時間			分
進階篇答題正確數	題	進階篇實際時間合計	分
高手篇答題正確數	題	高手篇實際時間合計	分
專家篇答題正確數	題	專家篇實際時間合計	分
神級篇答題正確數	題	神級篇實際時間合計	分

Fun 0070

激辛數獨 2：254 個高強度的頭腦體操。

編　　者—Media Soft
譯　　者—Maki Li
主　　編—陳家仁
企劃編輯—李雅蓁
美術設計—黃于倫
內頁排版—林鳳鳳

第一編輯部總監—蘇清霖
董 事 長—趙政岷
出 版 者—時報文化出版企業股份有限公司
108019 台北市和平西路三段 240 號 4 樓
發行專線—（02）2306-6842
讀者服務專線— 0800-231-705、（02）2304-7103
讀者服務傳真—（02）2302-7844
郵撥— 19344724 時報文化出版公司
信箱— 10899 臺北華江橋郵局第 99 信箱
時報悅讀網— http://www.readingtimes.com.tw
法律顧問—理律法律事務所 陳長文律師、李念祖律師
印　　刷—勁達印刷有限公司
初版一刷— 2020 年 2 月 21 日
初版五刷— 2023 年 12 月 21 日
定　　價—新台幣 220 元
（缺頁或破損的書，請寄回更換）

時報文化出版公司成立於一九七五年，
並於一九九九年股票上櫃公開發行，於二〇〇八年脫離中時集團非屬旺中，
以「尊重智慧與創意的文化事業」為信念。

ISBN 978-957-13-8094-0
Printed in Taiwan

激辛數獨：254個高強度的頭腦體操。/ Media Soft編著；
Maki Li譯. -- 初版. -- 臺北市：時報文化, 2020.02-
冊；　公分. -- (FUN ; 70)
ISBN 978-957-13-8094-0(第2冊：平裝)

1.數學遊戲

997.6　　109000944

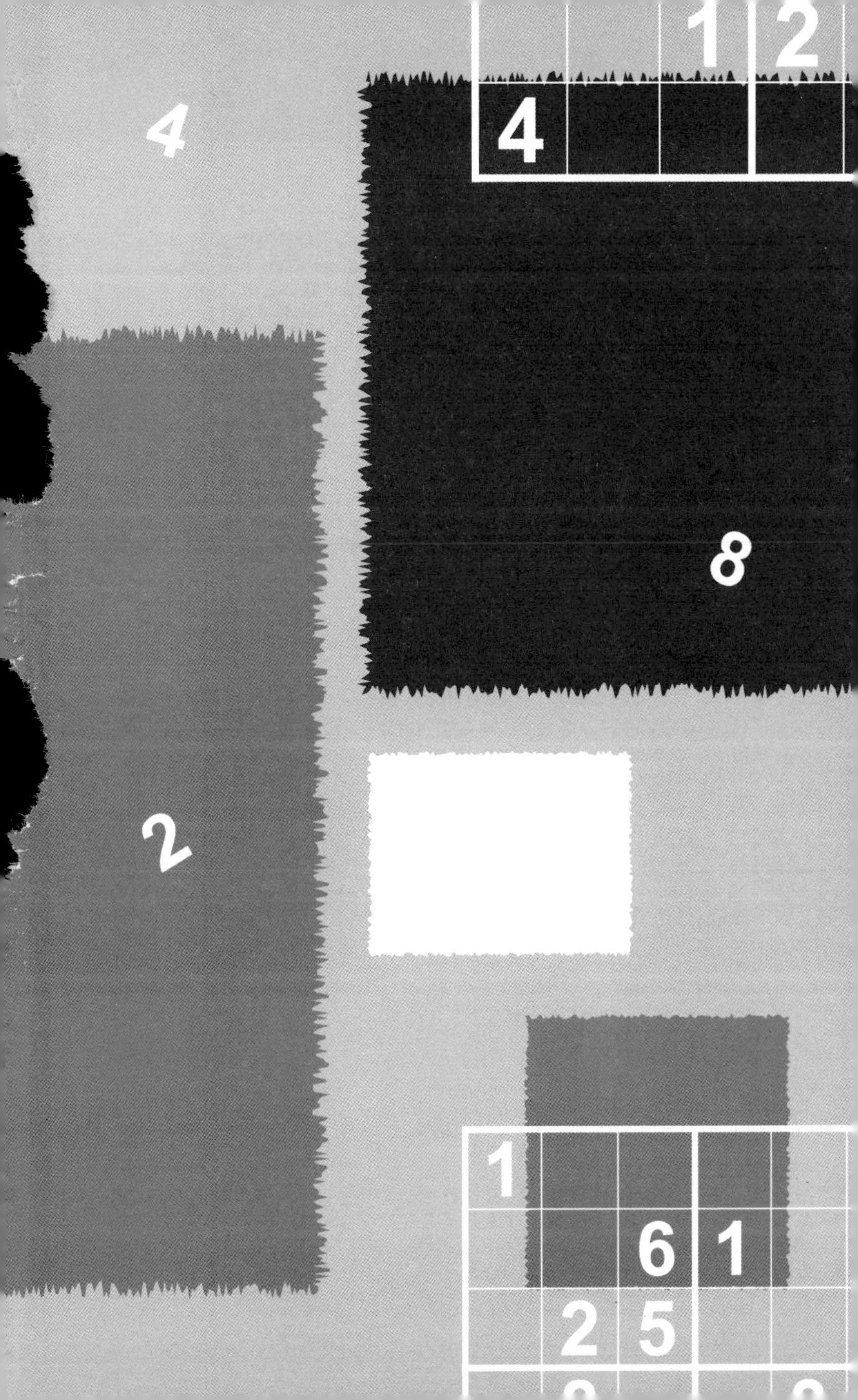

1 2
4
4
8
2
1
6 1
2 5

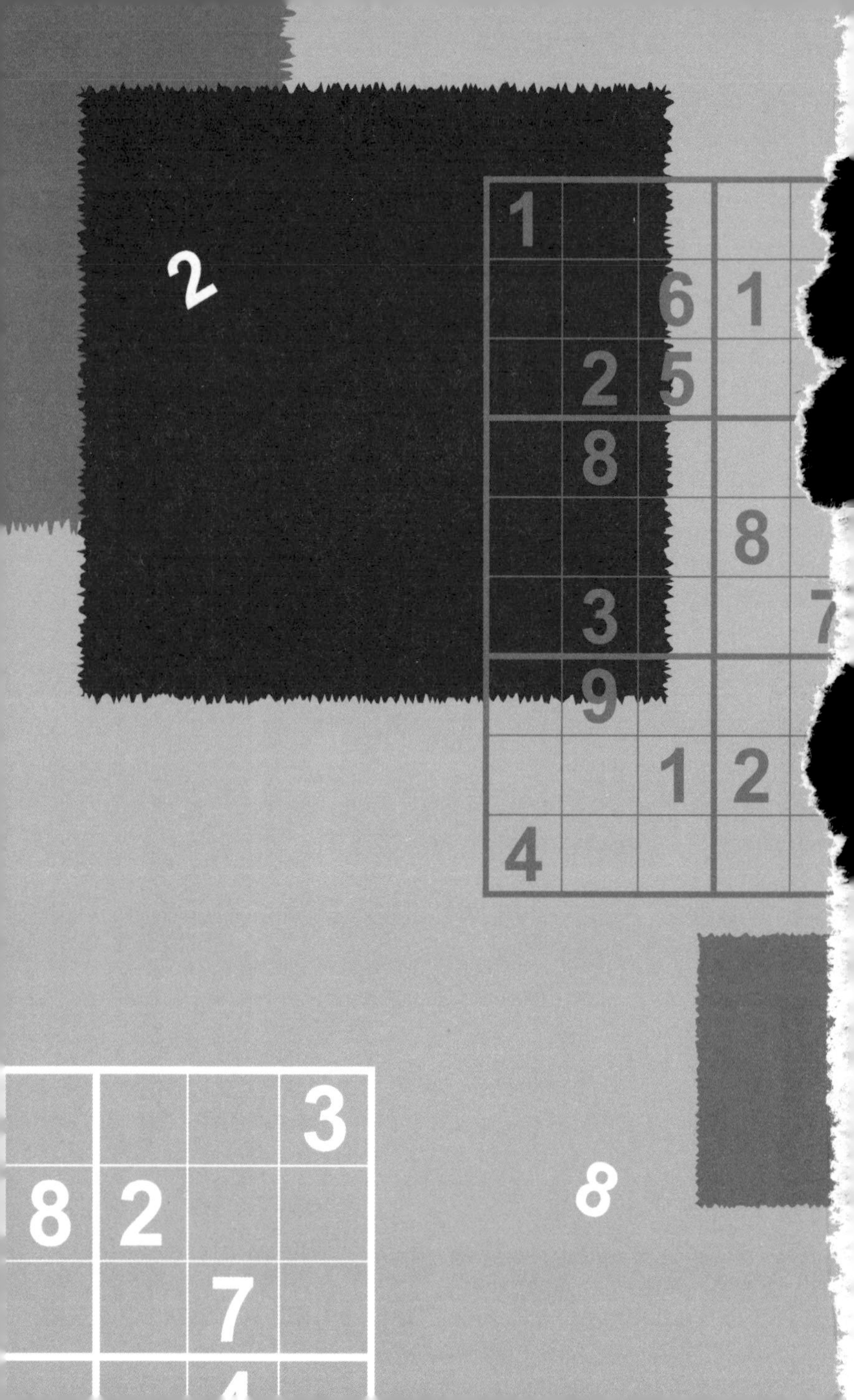